AF456409

DU FORMALISME

DANS

L'ANCIEN DROIT ROMAIN.

EXTRAIT DU RECUEIL DE L'ACADÉMIE DE LÉGISLATION.

DU FORMALISME ROMAIN

APPRÉCIATION HISTORIQUE ET CRITIQUE

DU PRÉTENDU CARACTÈRE FORMALISTE ET MATÉRIALISTE

DE L'ANCIENNE LÉGISLATION ROMAINE

PAR

M. Théophile HUC

PROFESSEUR AGRÉGÉ A LA FACULTÉ DE DROIT, MEMBRE DE L'ACADÉMIE DE LÉGISLATION.

PREMIER CHAPITRE. — THÉORIE DES DROITS RÉELS.

TOULOUSE

TYPOGRAPHIE DE BONNAL ET GIBRAC

RUE SAINT-ROME, 46

1861.

DU FORMALISME

DANS L'ANCIEN DROIT ROMAIN.

PROLÉGOMÈNES.

§ 1. — *Position du sujet.*

Il n'est pas rare d'entendre reprocher au droit romain son caractère exclusif et formaliste, son respect sans bornes pour les formules surannées et l'importance exagérée attachée à certaines pratiques juridiques dont la raison d'être ne paraît pas justifiée.

Parce que certains écrivains d'un grand mérite sans doute, mais exclusivement littérateurs, et n'ayant pas fait du droit romain l'objet d'une étude approfondie, ont pris des *cérémonies,* des *rites* ou des *usages,* pour des *formes juridiques*; parce qu'ils ont cru trouver partout le *symbolisme* qu'ils s'ingéniaient à chercher, et surtout parce qu'ils ont présenté, dans un style poétique, le résultat de leurs investigations, la croyance à ce prétendu caractère formaliste et exclusif de l'ancien droit de Rome a fini par s'accréditer, et aujourd'hui il est, en quelque sorte, convenu: *Que le vieux droit quiritaire est avant tout âpre et exclusif, qu'il n'hésite jamais à sacrifier l'équité à la stricte observation des formules, et qu'une espèce de pantomime juridique préside tyranniquement à tous les rapports civils entre* LES HOMMES DE LA LANCE, *les descendants de* QUIRINUS...

Ce point de vue, ainsi légèrement adopté, il a fallu trouver un mot nouveau pour exprimer l'idée qui en était la conséquence; le néologisme est venu au secours de la langue, et le *formalisme romain* a été inventé.

Sous l'influence de ce même point de vue, le Romain

des anciens temps nous est apparu avec une physionomie singulière ; on se le représente majestueusement drapé dans les replis de sa toge, ne pouvant faire un pas dans le domaine juridique sans être assisté de nombreux témoins, chacun portant les attributs symboliques de sa fonction.... Veut-il ouvrir la bouche, il faut qu'il soit attentif à prononcer des formules rigoureusement prescrites ; malheur à lui s'il se trompe !... Tantôt il faut qu'il tienne à la main une baguette mystérieuse, tantôt c'est devant un javelot fiché en terre qu'il doit faire constater et reconnaître son droit. Veut-il traiter avec son concitoyen, même pour les intérêts les plus futiles, un colloque solennel doit s'établir entr'eux; veut-il s'opposer aux entreprises téméraires d'un voisin, il faut qu'il lance une pierre contre le mur illégitimement construit ; — pour faire un testament, il lui faut l'assentiment du peuple entier réuni dans ses comices, et il doit ainsi initier aux mystères de sa vie privée tous les membres de l'association des quirites... Enfin, s'il veut exercer en justice les actions qui lui appartiennent, il doit se livrer à une série d'évolutions dont la solennité, que rien n'explique, sert tout au plus à en faire ressortir la vanité et le ridicule...

Un pareil tableau était évidemment de nature à jeter sur l'étude du droit romain une certaine défaveur. Sans doute, les écrivains jurisconsultes n'ont jamais admis toutes ces exagérations, et n'ont pas hésité à restituer à la législation romaine, considérée dans son ensemble, son véritable caractère ; mais cependant ils ont, eux aussi, subi quelquefois l'influence des préjugés dominants, et sur quelques points il leur est arrivé d'accuser à leur tour *l'âpreté, la rudesse, l'exclusivisme* du vieux droit de Rome. Si je ne me trompe beaucoup, leurs appréciations ne sont pas toujours rigoureusement exactes, et il m'a paru possible de le démontrer.

Aussi j'entreprends d'établir que l'ancien droit romain

n'est pas plus *âpre*, plus *rude*, plus *exclusif* que les autres législations, et que le prétendu *formalisme*, qui, dit-on, en constitue le caractère distinctif, n'a jamais existé. Qu'est-ce, en effet, que la *forme?* Dans le domaine de la législation positive, la forme doit être définie : *tout fait extérieur et sensible, qui, n'ayant sa raison d'être ni dans un principe rationnel ni dans une nécessité sociale, a pour but de subordonner à son accomplissement la création ou l'extinction des droits.* — Une législation, qui sans nécessité s'embarrassera de pareilles entraves, sera considérée avec raison comme formaliste; mais nous verrons qu'il n'en fut jamais ainsi de la législation romaine. Si l'opinion contraire a pu s'accréditer, c'est qu'on ne s'est pas suffisamment rendu compte du sens et de la signification des actes *légitimes* ou *solennels* admis par les Romains, et si on a méconnu de la sorte la véritable portée de ces actes, c'est parce que, pour les apprécier, on a oublié de s'abstraire des idées et des préjugés modernes, tandis qu'il fallait, au contraire, prendre pour point de départ les idées ayant cours à l'époque où ils étaient en vigueur, et surtout tenir compte de l'état de la société romaine à cette même époque...

On a encore reproché au droit romain certaines tendances matérialistes bien prononcées qui auraient exercé une influence fâcheuse sur plusieurs théories juridiques importantes ; je démontrerai qu'il n'en est rien, et qu'il faut, au contraire, louer les Romains d'avoir toujours tenu grand compte, pour l'appréciation des rapports de droit, de tous les faits que pouvait révéler une analyse exacte et scrupuleuse. Enfin, je m'efforcerai, dans cet examen, de rechercher le véritable caractère, l'origine et le but final de certains procédés juridiques bizarres en apparence, et dont il paraît difficile de saisir tout d'abord la portée et la signification précise.

Je n'ai pas, on le comprendra sans peine, la prétention de tout expliquer, de tout justifier; je ne me flatte pas de pouvoir trouver une réponse pour chaque objection, une solution décisive pour chaque point douteux. Je n'ai jamais pensé, en effet, à assigner à mes efforts un but impossible à atteindre, et je ne pourrais m'engager à donner la raison de tout, sans tomber moi-même dans le défaut que je critique chez les autres, c'est-à-dire l'esprit de système. Or, si l'esprit de système peut, dans un certain sens, être utilement employé au développement scientifique d'une idée, il doit, par sa nature même, rester toujours étranger aux travaux que dominent des investigations historiques.

§ 2. — *Considérations générales.*

Trois questions principales peuvent surgir à l'occasion de tout rapport de droit se produisant dans le domaine de la loi positive ; on peut, en effet, se demander :

1° Le droit invoqué est-il au nombre de ceux que l'autorité publique garantit et sanctionne ?

2° En cas de solution affirmative, d'après quelles règles pourra-t-on constater, en fait, l'existence du droit prétendu au profit de celui qui l'invoque ?

3° L'existence du droit étant constatée, d'après quels principes pourra-t-il être procédé à l'application des dispositions législatives afférentes à la matière ?

Pour résoudre ces trois questions, il est donc indispensable de posséder la notion exacte de la *garantie publique,* de la *preuve* et des principes régissant l'*interprétation progressive* de la loi et son *application.* Il importe dès lors, avant d'aborder les questions de détail, de rechercher quelle devait être sur ce point la théorie admise par un peuple tel que le peuple romain.

Si l'on veut considérer pour un instant comme exacte l'hypothèse d'après laquelle l'homme aurait d'abord vécu en dehors de tout lien social, on devra reconnaître que, même dans cet état primitif, certains rapports contractuels pouvaient s'établir ; l'*échange*, le *commodat*, etc., ne supposent pas, en effet, nécessairement un état social organisé. De ces rapports, il pouvait, sans doute, résulter certains droits ; mais pour faire exécuter la convention, le créancier ne pouvait faire appel qu'à la force matérielle dont il pouvait disposer, et comme le dit Gaius à l'occasion des rapports internationaux : *Si quid adversus pactionem fiat, non ex stipulatu agitur, sed jure belli res vindicatur* (1).

Si l'on suppose au contraire une société constituée, les droits privés s'augmentent d'un élément nouveau ; l'association tout entière en garantit en effet l'intégrité au citoyen qui en est régulièrement investi, et l'autorité publique est chargée de réaliser cette garantie ; en d'autres termes, le droit est désormais sanctionné.

Mais à quelle condition l'autorité publique peut-elle garantir et sanctionner par une action un rapport de droit? N'est-ce pas en s'assurant de la volonté des parties, de la régularité de l'acte et de sa conformité aux règles en vigueur dans la cité? Et, pour cela, ne faut-il pas nécessairement qu'elle intervienne dans l'acte juridique posé par les parties? Evidemment il en doit être ainsi, et on ne comprendrait guère comment l'autorité publique pourrait sanctionner un acte qui lui serait toujours inconnu. C'est là un principe général, adopté par tous les peuples, soit anciens, soit modernes, et, aujourd'hui encore, il est partout appliqué. Le notaire, en effet, est un véritable représentant de l'autorité publique lorsqu'il revêt un acte de la formule exécutoire ; on peut en dire autant des tribunaux lorsqu'ils rendent exécutoires les conventions privées.

Mais ce principe comporte quelques exceptions ; les actes juridiques, c'est-à-dire les actes pouvant engendrer certains

1 Gai. III, § 94.

effets utiles en droit, dérivent du *droit civil*, c'est-à-dire du droit *propre à la cité*, du *droit national*, ou seulement du *droit des gens*. Or, il est facile de comprendre que l'intervention de l'autorité publique est surtout requise pour les actes juridiques dérivant du pur droit civil; comme aussi il est facile de comprendre que cette intervention paraisse moins utile pour les actes juridiques dérivant du droit des gens. Donc la circonstance qu'à Rome l'autorité publique n'intervenait pas directement dans certains actes juridiques dérivant du droit des gens, ne peut pas détruire la vérité du principe que je viens de formuler, et dont la justification ressortira avec évidence de l'ensemble de ce travail.

Voilà tout ce que, pour le moment, je crois utile de dire touchant la théorie de la garantie publique; abordons maintenant un autre ordre d'idées.

Dans toute législation positive, il faut tenir compte de deux éléments bien distincts :

1° Le mode de création d'un droit;

2° Le mode de preuve de ce même droit.

Il est impossible, en effet, de confondre le droit avec la preuve du droit. Mais il est impossible aussi de ne pas reconnaître combien ces deux éléments peuvent influer l'un sur l'autre. En effet, un droit peut exister, mais il peut arriver que le titulaire de ce droit, *le sujet investi*, ne puisse fournir la preuve de son existence, *non deficit jus, sed probatio*. De quoi, alors, pourra servir ce droit au sujet investi? N'est-il pas, jusqu'à un certain point, dans la même position que celui qui n'a pas de droit? — D'un autre côté, il peut arriver que le créancier ayant établi son droit, il soit impossible au débiteur de prouver le fait juridique postérieur qui a entraîné l'extinction du droit. De quoi servira-t-il alors au prétendu débiteur de n'être plus en réalité dans les liens de l'obligation, s'il ne peut prouver l'extinction de cette même obligation? Ne sera-t-il pas, en fait, traité comme débiteur actuel, quoiqu'il ait cessé de l'être? — Ainsi donc, il est certain que la question de la preuve, quoique abandonnée à l'appréciation du juge, devra aussi préoccuper le législateur. Et c'est pour cela que, dans certains cas, on voit la loi positive refuser l'action, non pas à cause de l'absence du droit, mais à cause de la difficulté d'établir le droit ; et, en disposant ainsi, la loi est favorable à celui à qui le droit d'agir est retiré, car elle l'empêche d'intenter un procès qui ne pourrait presque jamais aboutir.

De plus, si nous nous transportons à une époque et chez un peuple où l'état social ne permet pas d'organiser un système de preuve suffisant, il sera tout simple que le législateur attache la force génératrice du droit plutôt à une *causa civilis*, qu'à la *convention elle-même*, ou au *motif déterminant*. Il sera, en effet, plus facile, dans le milieu social que j'ai en vue, d'établir le fait extérieur matériel et simple préconstitué par la loi comme *causa civilis,* que le fait complexe et interne d'une convention pure. Or il devait précisément en être ainsi à Rome. L'écriture, en effet, ne pouvait pas autrefois servir comme aujourd'hui pour établir la preuve des conventions. Ainsi que le fait remarquer M. de Maistre, dans un passage que je crois utile de reproduire : « Elle était beaucoup moins caractérisée et moins » exclusive que de nos jours. Elle se rapprochait davan- » tage des formes lapidaires qui ne changent point : en » sorte que ce que nous appelons si à propos *caractère,* ce » je ne sais quoi qui distingue une écriture de l'autre, était » bien moins frappant pour les anciens qu'il ne l'est » devenu pour les yeux modernes. Un ancien qui recevait » une lettre de son meilleur ami pouvait n'être pas bien » sûr, à l'inspection seule de cette écriture, si la lettre » était de cet ami. De là, l'importance du sceau qui sur- » passait de beaucoup celle du *chirographe*, ou celle de

» l'apposition du nom, que les anciens, au reste, ne plaçaient jamais à la fin de leurs lettres.

» De cette supériorité du *signe* ou du *sceau* sur le *chirographe* naquit l'usage qui nous paraît aujourd'hui si extraordinaire d'écrire des lettres au nom d'une personne absente qui l'ignorait. Il suffisait d'avoir le *sceau* de cette personne que l'amitié confiait sans difficulté : Cicéron fournit une foule d'exemples de ce genre [1]. »

D'un pareil état de choses résultait pour les Romains l'absolue nécessité de remplacer l'écriture par des actes extérieurs et sensibles (*mancipation, stipulation* [2], etc.), actes qui étaient alors destinés à atteindre le même but que celui que nous atteignons aujourd'hui par l'intervention du notaire, du greffier, de l'administration de l'enregistrement, du bureau des hypothèques, de l'huissier, du commissaire-priseur, etc. — Bien plus, dans un grand nombre de cas, il arrivait que le même acte servait à la fois à constater l'intervention du représentant de l'autorité publique, et à constituer une preuve toute faite de l'opération que les parties avaient en vue. — En édictant ce mode de procéder, le législateur cédait non pas à une tendance purement formaliste, mais aux nécssités de son époque ; en un mot, il édifiait une législation positive. Pour lui, en effet, il ne s'agissait pas de diriger la *conscience* d'après les lois de la morale et de l'*équité naturelle*, mais uniquement de savoir quand et comment l'autorité publique devrait accorder sa garantie à celui qui l'invoquerait.

[1] *Du Pape*, Lyon 1852, p. 127.

[2] On pourrait peut-être objecter que la stipulation opérée était souvent constatée par écrit ; nous verrons, quand nous parlerons des droits de créance, quelle était la raison d'être de la stipulation, mais pour le moment il suffit de ne pas oublier que ce n'était pas à proprement parler l'*écriture* qui pouvait constater l'existence d'une stipulation, mais le *sceau* des parties, et que dans le principe on ne rédigeait même pas d'écrit.

Si l'on est fidèle à ce point de vue, on sera forcé de reconnaître que les formes voulues par la loi ont toujours leur raison d'être :

Soit dans la nécessité de constater l'intervention de l'autorité publique ;

Soit dans la nécessité de fonder ou de faciliter la preuve du droit ;

Quelquefois, dans ces deux causes réunies ,

Et, qu'en définitive, il n'y a pas de formalités pures.

Il est une autre considération dont il importe aussi de tenir grand compte :

La loi des XII tables était, on le sait, d'une remarquable concision, et même sur quelques points, elle était muette. Il fallait donc en développer rationnellemeut les principes et combler les lacunes qu'elle présentait. Ce fut l'œuvre du préteur et des prudents, c'est-à-dire des représentants les plus distingués du caractère national. Et ce caractère national était si peu enclin à admettre dans le droit le symbole et la forme qu'un auteur, dont l'opinion sur ce point ne saurait être suspecte , M. Michelet, dans ses *Origines du droit français*, a cru pouvoir qualifier d'un seul mot l'action exercée par le préteur et les prudents ; il l'appelle l'*anti-symbolisme romain.....*

« Rome , dit cet éminent écrivain, plaçant sa religion » principalement dans le Droit, poursuivait, de son côté , » cette grande guerre contre la nature. Elle accomplissait » avec une gravité pontificale l'immolation progressive du » symbole. De symbole en formule, de formule en langage » vulgaire, elle amenait le Droit à la clarté, à l'équité [1]. »

Et plus bas, il poursuit : « C'est un beau et religieux spec- » tacle de voir avec quel scrupule le juge romain se laisse » pousser d'interprétation en interprétation hors de la loi

[1] P. CXI.

» écrite, marchant, traîné plutôt, et ne convenant jamais
» qu'il a marché. Il faut voir comme il se tourmente et tour-
» mente la langue, comme il ruse avec le vieux texte, comme
» il arrache à l'impitoyable airain des pensées de douceur
» et d'équité qui n'y furent jamais. Le pieux sophiste ment
» respectueusement à la loi, pour ne pas mentir au Droit
» éternel [1]. »

C'était, en effet, le Droit éternel, ou pour parler plus simplement le Droit, dont le magistrat romain poursuivait l'exacte application. Mais il n'est pas vrai de prétendre, comme le fait M. Michelet, que, pour obtenir un pareil résultat, le magistrat romain ait été obligé de lutter contre le symbole et la forme. La législation des Douze-Tables n'était, en effet, ni symboliste ni formaliste, dans le sens que j'ai déjà indiqué. Ses prescriptions, même les plus étranges, correspondaient toujours à une évidente nécessité de la vie pratique. Seulement, il advint ce qui arrive dans toutes les sociétés : un grand nombre de règles juridiques du vieux Droit quiritaire perdirent peu à peu leur signification primitive. Si le pouvoir législatif avait été constitué à Rome comme chez la plupart des nations modernes, ces règles surannées auraient été abrogées, et le progrès accompli dans les mœurs aurait aussi été réalisé dans le Droit civil. Mais, à Rome, il ne pouvait en être ainsi ; un appel au pouvoir législatif, seul investi du droit d'abroger une loi, était toujours chose grave, souvent même pleine de dangers. Les comices par tribus, les comices par centuries et le Sénat, revendiquaient, chacun pour son compte, le droit de faire la loi. L'exercice du pouvoir législatif fut souvent l'occasion de luttes sanglantes, et il n'était pas toujours facile de savoir si, dans tel cas donné, il fallait convoquer les comices par tribus ou les comices par centuries. Telle fut la cause

[1] P. cxiii.

première de ce pouvoir extraordinaire attribué au préteur : *adjuvandi*, *vel supplendi*, *vel corrigendi juris civilis*, *propter utilitatem publicam* [1]. L'abrogation législative des prescriptions vieillies étant presque impossible, les magistrats chargés de les appliquer s'efforcèrent de les éluder par tous les moyens. Il est vrai qu'ils eurent à lutter contre l'*impitoyable airain* ; mais il n'était question ni de *forme* ni de *symbole*... Il s'agissait tout simplement d'accommoder à des besoins nouveaux une loi ariérée, et qu'il était difficile d'abroger législativement [2]. En ayant recours, pour atteindre ce but, à des fictions, à des suppositions, souvent même à d'étonnantes subtilités, le magistrat romain obéissait uniquement aux nécessités de sa situation. On a cru, cependant, qu'il n'en était pas ainsi, et quand on l'a vu s'efforcer par tous les moyens possibles de faire rentrer dans la formule écrite des hypothèses que manifestement elle n'était pas appelée à régir, et surtout quand on a vu les Romains applaudir au résultat et se contenter de l'observation stricte de la lettre, on les a considérés comme esclaves de la formule, alors qu'en réalité, jamais peuple n'en fut plus complètement indépendant. Il ne faut donc pas s'étonner que certaines institutions juridiques admises dans les premiers âges du Droit romain aient survécu pendant des siècles à la disparition des motifs qui les avaient fait naître. Il ne faut pas surtout demander pourquoi elles ont été maintenues, mais pourquoi elles n'ont pas été abrogées ; et alors on s'aperçoit que c'est à cause de difficultés matérielles relatives à la vota-

[1] L. 7, § 1, D. 1, 1 (*De just. et jure*).

[2] L'établissement de l'empire eut pour conséquence de simplifier extrêmement l'exercice du pouvoir législatif ; l'abrogation des lois fut dès lors chose facile, mais des considérations politiques maintinrent les préteurs dans la jouissance d'un pouvoir qui ne portait ombrage à personne et produisait les effets les plus avantageux pour le corps social.

tion des lois, et que les inconvénients de cette non abrogation étaient presque nuls, grâce à l'intervention prétorienne.

Telles sont les idées générales qui doivent dominer tout l'ensemble de ce travail, et nous allons en faire successivement l'application détaillée aux diverses matières juridiques dans l'ordre suivant :

1° Théorie des droits réels ;

2° Théorie des droits de créance ;

3° Théorie des droits de famille ;

4° Successions et testaments ;

5° Système des actions et procédure ;

6° Appendice sur la législation criminelle des Romains.

CHAPITRE PREMIER.

DES DROITS RÉELS.

§ 1

Notion abstraite du *dominium*.

C'est surtout dans la constitution de la propriété et de ses démembrements que le droit romain a paru formaliste, matérialiste et exclusif. — Il est certain qu'à ce sujet et sur certains points, les idées romaines s'écartent singulièrement des nôtres, mais il m'a toujours paru qu'elles se rapprochaient davantage des notions du *jus gentium*.

En effet, quelle que soit la base qu'on veuille attribuer au droit de propriété individuelle ; qu'on le fasse dériver d'un décret providentiel supérieur, ou bien du travail et de la longue possession, ou seulement de la volonté arbitraire du législateur [1], il est impossible, dans tous les cas, de ne pas le considérer au moins comme institution du *jus gentium*, reconnue et sanctionnée par la loi positive. C'est donc comme institution du droit des gens que la propriété a dû apparaître aux anciens Romains. Il est, en effet, digne de remarque que l'*occupatio bellica*, c'est-à-dire une institution du droit des gens, était, à leurs yeux, le titre le plus légitime d'où pût dériver le *dominium*. Aussi Gaius, après avoir indiqué les antiques formes de l'*actio sacramenti*, ajoute : *Festuca autem utebantur quasi hastæ loco, signo quodam justi dominii, quia maxime sua esse credebant quæ ex hostibus cæpissent* : *unde in cemtumviralibus judiciis hasta præponitur* [2]. Ainsi donc si les Romains ont accepté la propriété comme dérivant du *jus gentium*, il est certain que les règles principales qu'ils auront édictées à cet égard, auront leur fondement rationnel dans

[1] Il est vraiment remarquable que saint Augustin ait cru devoir adopter ce dernier système; voici en effet comment il s'exprime pour justifier certaines confiscations prononcées contre les donatistes au profit de l'Eglise : *Quo jure defendis villas ecclesiæ? Divino an humano? Divinum jus in scripturis habemus; humanum jus in legibus regum. Unde quisque possidet quod possidet? Nonne jure humano? Nam jure divino domini est terra et plenitudo ejus..... Jure tamen humano dicitur : hæc villa mea est, hæc domus mea, hic servus meus est. Jura autem humana, jura imperatorum sunt; quare? Quia ipsa jura humana per imperatores et reges sæculi Deus distribuit generi humano..... Tolle jura imperatorum, et quis audet dicere : mea est illa villa, aut meus est ille servus, aut domus hæc mea est?*..... Ce passage extrait du 6e *traité sur saint Jean* a été inséré dans le *Corpus juris canonici* sous la rubrique suivante : *jure divino omnia sunt communia omnibus, jure vero constitutionis, hoc meum, illud alterius est*; — il forme le c. 1 de la distinct. 8 du décret de Gratien (*pars prima*).

[2] IV, § 16; — M. Maynz, *Eléments de Droit romain*, t. I, p. 450, § 184, note 30, pense que l'*occupatio bellica* avait dans l'ancien droit un caractère civil, et ne constituait pas un *modus naturalis adquirendi*; mais il est certain que dans les sociétés antiques l'*occupatio bellica* dérive directement du *jus gentium, quo jure omnes gentes utuntur*, Gai I, § 1. Le Droit national n'est intervenu que pour en réglementer l'application.

le *jus gentium* lui-même. Recherchons dès-lors quelle est la notion qu'on doit se former du *dominium*, d'après le droit philosophique, et voyons si la théorie romaine ne s'en rapproche pas infiniment.

La propriété étant une institution du droit des gens, doit, par cela même, être accessible à tous. On comprend, sans doute, que le droit propre à la cité apporte, dans une certaine mesure, quelques restrictions à la généralité de ce principe, mais ces restrictions ne serviront qu'à mieux faire ressortir le principe lui-même. Or, je démontrerai bientôt que c'était là précisément le point de vue romain ; que la propriété n'a pas été réglementée à Rome, d'une manière exclusive, et qu'elle était accessible à d'autres qu'aux membres de la cité.

En second lieu le *dominium* constitue un rapport entre le sujet qui affirme son droit, et la chose objet du droit. Tout rapport est, par sa nature, incorporel ; mais le rapport appelé propriété est tel, qu'il ne peut se manifester au dehors que par un fait extérieur, la possession de la chose. Et c'est pour cela que les Romains ont été amenés à matérialiser la propriété dans son objet et à la considérer comme pouvant rentrer dans la classe des choses corporelles. Puisqu'un fait extérieur est indispensable, il est philosophiquement difficile de concevoir la translation de la propriété par le seul effet du consentement ; la livraison de la possession, la *tradition*, par exemple, pourra seule donner ce résultat : *Traditionibus dominia rerum, non nudis pactis transferuntur* [1]. La loi civile pourra bien créer des modes purement civils destinés à produire le même effet, mais si la garantie publique est accordée sans distinction et aux actes du droit des gens et aux actes du pur droit civil, il faudra bien reconnaître qu'il n'y a rien là d'exclusif. Or,

[1] L. 20, C. 2, 3 (*de pactis*).

il en était ainsi, à Rome ; car, d'après Paul : *In rem actio competit ei qui aut jure gentium aut jure civili dominium adquisivit* [1].

Enfin, si au point de vue philosophique abstrait, il est difficile de concevoir le transfert de la propriété par le seul effet du consentement, il est réellement impossible de concevoir la limitation de la propriété dans le domaine du temps. La propriété n'est susceptible de limite que par rapport à l'espace ; on pourrait même la définir : *une limitation de l'espace au profit exclusif d'une personne* [2]. Mais elle échappe, par sa nature, à toute limite par rapport au temps : on est propriétaire pour toujours, ou on ne l'est pas du tout ; impossible de concevoir une situation intermédiaire, impossible de concevoir qu'on soit *actuellement* propriétaire pour un temps *limité* ; on sera alors investi d'un droit réel, d'une nature particulière, mais ce droit ne sera pas la propriété. La seule situation qu'il soit possible de concevoir, c'est celle d'une personne détenant un corps certain en qualité de propriétaire sous l'obligation d'en transférer la propriété à un autre dans un délai déterminé ; mais tant que le débiteur n'aura pas satisfait à son obligation, il n'aura pas cessé d'être propriétaire, et le créancier ne le sera pas devenu. Tels sont les véritables principes, les Romains les ont d'abord aperçus; ils ont proclamé à leur tour que la propriété ne saurait être limitée par le temps : *ad tempus proprietas transferri nequit* [3], et ils ont tiré de ce principe les conséquences qu'il comportait [4]. Il est vrai que, plus tard, ils ont, comme le législateur moderne, abandonné cette théorie pour donner

[1] L. 23, D. 6, 1 (*de rei vindicatione*).

[2] Cependant cette définition ne pourrait convenir qu'à la propriété territoriale.

[3] *Vatic. frag.* § 283.

[4] Voy. L. 2, § 1 ; L. 4, D. 18, 2 (*de in diem addict.*) ; L. 35, § 3 ; D. 39, 6 (*de mortis causa donat.*), etc.

satisfaction aux besoins de la pratique, mais en agissant ainsi, ils ont obéi à la loi du progrès, et ils ne sauraient être accusés de *formalisme* et de subtilité pour avoir commencé par accepter les données les plus certaines de l'analyse philosophique.

§ 2.

I. De la propriété à Rome dans l'ancien droit; 1° avant l'introduction de la propriété individuelle ;
II. 2° A partir de cette introduction ; le *dominium* était *un*.

I. J'ai avancé que le droit de propriété n'avait pas pu être organisé à Rome d'une manière exclusive, et que, puisqu'il émanait du *jus gentium,* il devait naturellement être accessible aux étrangers et non pas seulement aux membres de la cité. Il est, en effet, certain que les Romains avaient envisagé le *dominium* comme dérivant du *jus gentium,* et aujourd'hui il n'est guère plus contesté que l'occupation et la tradition ne rendent propriétaire sous la garantie de l'autorité publique, c'est-à-dire *ex jure quiritium,* et c'est le motif pour lequel l'action en revendication protège l'acquisition faite par ces deux modes naturels [1].

Or, il est manifeste que, dès le commencement, les compagnons de Romulus durent, en ce qui touche la propriété,

[1] L. 23, D. 6, 1 (*de rei vind.*) V. PELLAT, *propriété et usufruit,* n° 24. La circonstance qu'Ulpien, XIX, 2 et Varron, *de re rust.* II, 10, omettent l'occupation et la tradition dans l'énumération des modes d'acquérir le *dominium ex jure quiritium* est indifférente ; car Ulpien ne se proposant pas de traiter des modes du droit des gens n'avait pas besoin d'en parler, et Varron n'avait pour but que d'indiquer à l'acquéreur d'un esclave (chose *mancipi*) le moyen de vérifier la régularité de l'acquisition.

appliquer largement les principes du droit des gens, et par conséquent la déclarer accessible à tous les étrangers avec qui ils n'étaient pas en guerre ouverte. Comment, en effet, aurait-il pu en être autrement, puisqu'ils commencèrent par ouvrir un asile et par attirer à eux les aventuriers de toute l'Italie ?

Mais s'il en fut incontestablement ainsi au point de départ de la grandeur romaine, en fut-il de même dans la période suivante ? Pour trancher la question avec certitude, il faudrait pouvoir, au préalable, résoudre d'autres questions qui malheureusement paraissent insolubles. — D'après les uns, en effet, la propriété individuelle n'aurait d'abord existé que pour les choses mobilières ; les immeubles formant l'*ager publicus* étaient la propriété exclusive de l'Etat, les citoyens en ayant seulement la possession temporaire avec la jouissance ; d'après un autre système, la propriété territoriale aurait été primitivement l'attribut du patriciat, et tout ce qui n'était pas noble de race était incapable de posséder aucune partie du territoire. — Enfin, suivant d'autres, il fallait distinguer entre l'*ager romanus* et l'*ager publicus* ; l'*ager romanus* aurait été distribué entre les seuls plébéïens ; quant aux patriciens, dont la réunion formait le *populus,* ils auraient trouvé dans la jouissance exclusive de l'*ager publicus*, sans cesse agrandi par la conquête, une large compensation [1].

Quoi qu'il en soit de ces divers systèmes, le point qui paraît s'en dégager avec le plus de probabilité, c'est que, pendant cette période, la propriété individuelle, c'est-à-dire le *dominium*, n'existait pas. Or, comme la question à résoudre ne présente un véritable intérêt que relativement

[1] Pour tous ces systèmes, voy. Niebuhr. *Hist. rom.*; Dureau de La Malle, *Mém. sur les pop. libres de l'Italie*; M. Giraud, *droit de propriété*; M. Ch. Maynz, *Eléments de Droit rom.*, t. 1, *introd.*

à la propriété individuelle, c'est à l'époque où cette propriété a été constituée que je dois me reporter.

II. Gaius se réfère évidemment à cette même époque, lorsqu'il dit : *Sequitur ut admoneamus apud peregrinos quidem unum esse dominium; itaque aut dominus quisque est, aut dominus non intelligitur. Quo jure etiam populus romanus,* OLIM *utebatur : aut enim ex jure quiritium unusquisque dominus erat, aut non intelligebatur dominus* [1].

Ainsi donc, d'après Gaius, *autrefois, olim*, c'est-à-dire à l'époque où la propriété individuelle succéda à la propriété collective, le *dominium* était unique et ressemblait absolument au *dominium* des pérégrins, c'est-à-dire que le *dominium* n'était autre que l'institution du droit des gens, sanctionnée purement et simplement par le droit des quirites, et rien, dans ce passage, n'autorise à admettre que les Romains aient voulu exclure les pérégrins de ce *dominium* du droit des gens. Cependant on l'a soutenu, et en se fondant sur ces mots : *aut enim ex jure quiritium unusquisque dominus erat, aut non intelligebatur dominus,* on a dit que primitivement il n'y avait qu'une sorte de propriété, le *dominium ex jure quiritium*; que, par suite, ceux-là seuls qui étaient investis du *jus quiritium,* c'est-à-dire du *jus civitatis,* pouvaient se prétendre propriétaires, et que le domaine bonitaire, *in bonis* ou *dominium* du droit des gens, n'était pas encore reconnu digne de protection. —Il me semble que ce raisonnement n'est pas exact; d'abord l'expression *dominus, dominium ex jure quiritium*, ne présente un sens technique et scientifique que par opposition au *dominium in bonis*, et seulement à partir de l'époque où ce *dominium in bonis* fut accepté. Mais il est manifeste qu'antérieurement on était *dominus* ou on ne l'était pas; qu'il était dès-lors inutile d'ajouter *ex jure*

[1] Gai. II, § 40.

quiritium; et, si on avait l'habitude d'ajouter cette expression, ce que j'ignore, elle ferait tout simplement allusion à la garantie de l'autorité publique. Il est certain, en effet, que l'expression *jus quiritium* n'est pas, en cette matière, synonyme du *jus civitatis*, car il n'a jamais été nécessaire d'être citoyen pour pouvoir dire *hæc res mea est*, pour pouvoir invoquer la garantie des quirites. Cela expliqué, voici maintenant quel est le sens du passage tout entier :

« Il n'y a, chez les pérégrins, dit Gaius, qu'un seul *dominium* : chez eux on est propriétaire ou on ne l'est pas ; impossible de concevoir un état intermédiaire. La même chose avait lieu autrefois (*olim*) chez les Romains ; on était propriétaire ou on ne l'était pas, *et chaque fois qu'on était propriétaire, la garantie de l'autorité publique était de droit* (ex jure quiritium). *Sed postea*, continue Gaius, *divisionem accepit dominium ut alius possit esse ex jure quiritium dominus, alius in bonis habere*[1]. Mais plus tard le *dominium* fut divisé, en ce sens que, dans certains cas, la garantie de l'autorité publique disparut pour faire place à un état de fait ; tandis que, dans d'autres cas, cette même garantie fut maintenue. » — Or, nous allons voir bientôt que ce dédoublement du *dominium* est la conséquence naturelle de l'introduction de la *mancipation* et de la division des choses en *mancipi et nec mancipi*; mais comme cette innovation eut pour effet direct de rendre désormais les modes du droit des gens inapplicables au transfert de la propriété du sol italique déclaré *res mancipi*, tout ce qu'on peut en conclure c'est que, pour l'avenir, les pérégrins furent dans l'impossibilité de pouvoir désormais acquérir le sol ; mais il faut, par argument *a contrario*, reconnaître qu'antérieurement il pouvait en être autrement, d'après les principes du *jus gentium*. Aussi n'avons-nous encore trouvé aucun texte qui

[1] *Ibid.*

leur ait refusé le *dominium juris gentium* dans la période antérieure à la division du *dominium* en *dominium ex jure quiritium* et en *dominium in bonis;* voyons ce qu'il faudra décider sous l'empire de cette division.

§ III.

I. Théorie de la *mancipatio*; de la distinction entre les *res mancipi* et *nec mancipi*.

II. Origine et motifs probables de cette distinction; législation de *Servius Tullius*.

III. Quelles choses furent considérées comme *mancipi*.

IV. Conséquences de la distinction : dédoublement du *dominium*.

V. Pourquoi le *nudum jus quiritium* a été maintenu si longtemps.

VI. Influence de l'introduction de la *mancipatio*, 1° sur la condition des femmes;

VII. 2° Sur celle des étrangers.

I. La division de la propriété en *dominium ex jure quiritium* et *dominium in bonis*, me paraît résulter évidemment de la distinction établie entre les choses *mancipi* et les choses *nec mancipi*. Il est remarquable, en effet, que Gaius, après avoir dit : *Sed postea divisionem accepit dominium.....* ajoute immédiatement : *Nam si tibi rem mancipi neque mancipavero, neque in jure cessero, sed tantum tradidero, in bonis quidem tuis ea res efficietur, ex jure quiritium vero mea permanebit*[1]. De telle sorte qu'il serait impossible de concevoir les deux genres de propriété dont il s'agit, si la distinction entre les choses *mancipi* et les choses *nec mancipi* n'existait pas.

Cette observation est importante, parce qu'elle permet d'affirmer que, dans le principe (*olim*), les choses étaient toutes de même nature, et qu'il n'y avait pas de mode civil institué pour en transférer la propriété. Cependant on a

[1] *Ibid.* § 41.

soutenu le contraire ; et, d'après le savant Blondeau : « Il n'est point trop hardi de dire avec Balhorn-Rosen : 1° qu'à l'époque de la loi des XII-Tables, toutes les choses sans distinction étaient *mancipi*, en ce sens qu'elles ne pouvaient être aliénées que par la mancipation ou autre mode du droit civil ; et 2° que pendant les premiers siècles la tradition fut complètement étrangère au Droit romain, en ce sens qu'elle ne donnait aucune propriété [1]. »

Il me semble qu'il faut dire tout le contraire. Il serait, en effet, singulier que les Romains, après avoir emprunté le *dominium* au droit des gens, fussent demeurés plusieurs siècles avant de reconnaître à la tradition les effets qu'elle doit produire d'après ce même droit des gens. *Hæ quoque res quæ traditione nostræ fiunt,* dit Gaius, *jure gentium nobis adquiruntur : nihil enim tam conveniens est naturali æquitati quam voluntatem domini volentis rem suam in alium transferre, ratam habere* [2]. Ce qui paraissait si naturel au temps de Gaius devait le paraître bien davantage à une époque où presque toutes les transactions se concluaient au moyen de la *permutatio rerum.* Je pense donc que, pendant les premiers siècles, la tradition fut le mode le plus usuel. Mais je crois qu'il n'était pas le seul, et que la *venditio per æs et libram* et non pas la *mancipatio,* devait être aussi d'un fréquent usage.

Je crois, en effet, qu'il faut nécessairement distinguer entre la *mancipatio* et la *venditio per æs et libram.* Quand il s'agissait d'une *permutatio rerum,* il est facile de concevoir qu'une tradition réciproque permît aux parties d'atteindre le but qu'elles s'étaient proposé. Mais, quand il s'agissait d'une vente, il ne pouvait être question d'une tradition pure et simple des deniers, puisque, d'après Gaius : *Olim æreis*

1 *Chrestomathie*, éd. Giraud, p. 209, note.
2 L. 9, § 3, D. 41, 1 (*de adq. rer. dom.*)

tantum nummis utebantur... eorumque nummorum vis et potestas non in numero erat, sed in pondere[1]. Il était donc indispensable de peser la monnaie, puisque sa valeur était déterminée par le poids seul et non par la garantie publique; pour cette pesée il fallait bien un *libripens*, également étranger à l'acheteur et au vendeur, et même des témoins pour certifier la régularité de l'opération. Donc, toute vente devait avoir lieu *per æs et libram*, et cela non pas d'une manière fictive, mais d'une manière réelle. Mais, par cela même, la *venditio per æs et libram* ne constituait pas encore la *mancipatio*, c'est-à-dire un acte juridique destiné à procurer le transfert de la propriété d'une classe de choses déterminées. La pesée de l'airain devait avoir lieu à l'occasion de toute transaction entraînant, comme conséquence, la prestation d'une somme d'argent, tandis que la tradition suffisait pour les autres cas; et dans toute hypothèse, la propriété était transférée.

Mais lorsque fut introduite dans la législation, la distinction entre les choses *mancipi* et les choses *nec mancipi*, alors probablement la *venditio per æs et libram* qui déjà constituait un *actus solemnis*, c'est-à-dire consacré par la coutume (*Solere*), fut érigée en acte juridique, destiné à opérer le transfert de la propriété.

Recherchons donc quelle fut la raison probable de cette division des choses si importante dans le Droit romain classique.

II. On a beaucoup disserté, et depuis longtemps, sur l'origine de cette division, et, dans l'état actuel des sources, il est impossible, je le reconnais, de formuler à cet égard un système présentant tous les caractères de la certitude. Cependant il est permis d'affirmer que cette division n'avait rien d'arbitraire ou de formaliste, et qu'elle devait évidem-

[1] I. § 122.

ment correspondre à une nécessité politique ou sociale. Or, cela admis, il est logique de considérer comme infiniment probable l'hypothèse qui rattache cette division à la législation de Servius Tullius, qui distribua les citoyens romains en cinq classes, en prenant pour base de ce classement la fortune individuelle de chaque contribuable [1]. La nouvelle organisation, décrétée par Servius Tullius, ne pouvait, en effet, être réalisée qu'à la condition de trouver un moyen de déterminer avec exactitude la fortune de chaque citoyen. Mais, pour arriver à cette détermination, devait-on prendre en considération toutes les valeurs mobilières et immobilières sans distinction ? Il est certain que non : le législateur devait nécessairement tenir compte de la situation économique de l'époque, et par suite il dut négliger complètement les valeurs mobilières. Il n'était pas possible, en effet, de les considérer comme pouvant constituer un élément sérieux de la fortune privée. La monnaie d'or et d'argent n'existait pas encore, la monnaie de cuivre ou de bronze ne valait que par son poids ; donc les capitaux devaient être très peu considérables, et les créances ayant pour objet une somme d'argent assez rares, ou de médiocre importance ; d'un autre côté, la simplicité des mœurs n'avait pas encore été sensiblement altérée, par conséquent le luxe des habitations devait être assez restreint, ainsi que celui des habits et ornements. Les Romains devaient donc être naturellement portés à ne pas tenir compte de la fortune mobilière, alors surtout qu'ils étaient essentiellement agriculteurs et étrangers au commerce et à l'industrie ; or ce sont là les deux principales sources de la valeur mobilière. Il est vrai que les esclaves et les bêtes de somme pouvaient constituer un

[1] Voy. sur cette matière le savant article de M. de Fresquet, inséré dans la *Revue historique*, 3e année 1857, p. 509. Les autres systèmes ont été sommairement indiqués par Blondeau ; *Chrestomathie*, p. 195, note 1.

important élément de la fortune privée, mais c'était principalement à cause de leur utilité au point de vue agricole qu'il en était ainsi, et non pas précisément à cause de leur valeur intrinsèque et commerciale. D'ailleurs les marchands d'esclaves étaient presque toujours étrangers. Enfin, et cet argument est décisif, la possession d'objets mobiliers plus ou moins considérables ne présentait rien de stable et de permanent; les nécessités de chaque jour pouvaient en exiger l'aliénation complète, ou motiver de nouvelles acquisitions. Il est manifeste qu'un élément aussi variable ne pouvait pas servir à déterminer le rang d'une famille dans l'Etat, alors surtout qu'il était matériellement impossible d'éviter la fraude, car la même somme d'argent, à l'aide d'emprunts successifs, réels ou simulés, pouvait être représentée par plusieurs citoyens, et servir ainsi à leur faciliter l'accès dans les classes élevées, en leur constituant une fortune apparente, supérieure à la réalité.

M. de Fresquet [1] fait judicieusement remarquer que chez tous les peuples où l'on a mesuré la capacité politique selon la fortune, on a signalé cet écueil et cherché à l'éviter : « Qu'on se rappelle, dit-il, ce qui avait lieu en France lorsque les électeurs et les éligibles étaient pris parmi les personnes ayant une fortune présumée ; ce n'étaient point les sacs d'écus, les valeurs industrielles, les coupons de rente, qui vous faisaient admettre sur la liste des censitaires : l'article 4 de la loi du 19 avril 1831 énumérait les bases de la fortune officielle. Les contributions qui confèrent le droit électoral sont : La contribution foncière, les contributions personnelle et mobilière, la contribution des portes et fenêtres, etc., etc. » Servius Tullius dut agir d'une manière analogue.

Telle fut donc, probablement, l'origine de la distinction

[1] *Loc. cit.* p. 516.

entre les choses *mancipi* et les choses *nec mancipi ;* et la propriété des premières fut seule prise en considération pour déterminer la fortune officielle de chaque citoyen. Mais ce principe une fois posé dans la législation de Servius Tullius, il restait encore à trouver un moyen qui permît de constater d'une manière non équivoque les mutations de propriété, afin d'éviter les fraudes, les omissions et les doubles emplois. Or, il est manifeste que la simple tradition ne pouvait donner un pareil résultat. Ce mode du droit des gens, outre qu'il ne présente pas une publicité assez considérable, n'est pas, nécessairement et par lui-même, translatif de propriété; souvent, en effet, il est uniquement employé pour procurer à l'*accipiens* la simple possession ou détention précaire. Donc, la circonstance qu'un citoyen avait fait tradition à un autre d'un fonds de terre ne suffisait pas pour que ce dernier parût réellement investi de la propriété. La tradition fut donc laissée de côté; mais il n'en était pas ainsi de la *venditio per œs et libram.* Cet acte, consacré par la coutume, présentait d'abord toutes les garanties de publicité que pouvait alors comporter l'état de la société romaine; et, ce qui est plus important, il ne pouvait s'expliquer que par le désir de rendre l'acquéreur propriétaire; il était nécessairement et par lui-même translatif de propriété. Aussi fut-il décidé que la tradition ne suffirait plus désormais pour le transfert de la propriété des choses considérées par le législateur comme formant les éléments uniques de la fortune officielle. Ce fut la *venditio per œs et libram* qui, sous le nom de *mancipatio,* et indépendamment de toute tradition, put produire un pareil résultat. Tel fut, je crois, le principal motif qui fit établir le mode civil de la mancipation. Cependant, il ne fut pas le seul, et il est infiniment probable que le besoin d'entourer d'une publicité sérieuse toute translation de propriété dans des vues analogues à celles qui ont fait établir la transcription en France, exerça aussi une grande influence sur la détermination du législateur romain. Quoi qu'il en soit, tandis que l'ancienne *venditio per æs et libram* ne paraît avoir été régie que par la coutume, il faut, je pense, rapporter à la législation de Servius Tullius certaines règles concernant la nouvelle *mancipatio*, et qui ne peuvent s'expliquer d'une autre manière. Ainsi, par exemple, d'après Gaius [1] et Ulpien [2] la mancipation des meubles requiert la *rei præsentia* ; de plus, on n'en peut manciper à la fois qu'une quantité qu'il soit possible de maîtriser avec la main. Pour les immeubles, au contraire, il est possible de procéder à leur mancipation sans être sur les lieux, et on peut en manciper plusieurs à la fois sans limitation. Mais, d'après une Constitution de Constantin et Maximien, dont le texte primitif, corrompu par Justinien, nous a été conservé dans le Code Hermogénien [3], il est permis d'affirmer que, même dans le cas où la mancipation avait pour objet plusieurs meubles ou plusieurs immeubles à la fois, il n'était pas possible de les manciper en bloc, comme s'il s'agissait d'un tout juridique ; mais il fallait les énumérer individuellement et nominativement. Il s'agit, en effet, dans cette Constitution d'une donation faite par un père à son fils émancipé, à concurrence du tiers des biens : « *non est juris incerti*, dit l'empereur....... *nec in emancipatum translatam (donationem), si generaliter tertiam bonorum donasti ; quia generaliter bonorum portionem donare non posses, cum singulæ res nominari debeant quæ donatione, mancipatione vel in jure cessione transferuntur.* »

Evidemment, ces diverses prescriptions sont toutes motivées par la nécessité de constater d'une manière non

[1] *Gai.* I, § 121.

[2] *Ulp.* XIX, § 6.

[3] Cod. Hermog. Const. 1, tit. 7. Cette constitution a passé dans le Code Justinien, où elle forme le l. 11, C. 8, 54 (*de donationibus*).

équivoque quels sont les biens qui sortent du patrimoine de l'aliénateur pour entrer dans celui de l'acquéreur. Mais, pour que cette constatation fût efficace, il fallait que le transfert de la propriété fût actuel, définitif, et ne pût pas être subordonné à une condition ; car la réalisation d'une condition se produisant nécessairement en dehors de toute publicité, il est évident qu'une mancipation conditionnelle n'aurait jamais pu donner la certitude que le législateur cherchait à obtenir. En conséquence, la formule de la mancipation, qui aurait pu être rédigée tout autrement, fut conçue de façon à ne pouvoir s'appliquer qu'à un fait déjà accompli ou tout au moins actuel ; de sorte qu'elle fut forcément exclusive de toute adjonction d'un terme ou d'une condition : *hanc ego rem ex jure quiritium meam esse aio, eaque mihi empta est hoc œre œneaque libra* [1].

Telles sont les idées principales qui, selon toutes les probabilités, ont servi de base à la division des choses en *res mancipi* et *res nec mancipi*, ainsi qu'à la théorie de la mancipation. Voyons maintenant quel fut le caractère

[1] *Gai.* I, § 119 ; — Papinien nous apprend dans la loi 77, D. 50, 17 (*de div. regulis juris*) que certains actes juridiques, notamment la *mancipatio* sont incompatibles avec l'adjonction d'un terme ou d'une condition. Cela est évident pour tous les actes juridiques énoncés dans ce texte qui doivent nécessairement être faits *incontinenti* ou pas du tout, ou qui supposent un fait accompli déjà et par conséquent échappant à l'empire d'une condition. Le § 329 des *frag. vat.* confirme cette manière de voir pour la *mancipatio*. — Cependant ne pourrait-on pas tirer du § 50 des *frag. vat.* la conclusion qu'il n'était pas impossible, du moins en matière de *deductio* de l'usufruit, d'insérer un terme ou une condition dans la formule de la *mancipatio?* M. Machelard l'admet (*textes*, p. 184, note 1) ; mais c'est là une erreur ; il suffit en effet de lire ce § 50 pour se convaincre que le terme ou la condition portent uniquement sur la *deductio* de l'usufruit, et non pas sur la *mancipatio* ou l'*in jure cessio* qui demeurent pures et simples. M. Pellat, avec son exactitude ordinaire, a très bien fait sentir cette nuance dans la traduction qu'il a donnée de ce fragment. (V. *propriété et usufruit*, p. 55, note 1.)

scientifique de cette division, et quelles choses furent considérées comme *mancipi*.

III. Cette division ne s'appliquait évidemment qu'aux choses corporelles et laissait tout-à-fait en dehors, du moins en principe, les choses incorporelles. C'est ce qui résulte des termes employés par Gaius, au sujet des servitudes rurales : *item fere omnia quæ incorporalia sunt, nec mancipi sunt exceptis servitutibus prædiorum rusticorum, nam hæ quidem mancipi res sunt, quamvis sint ex numero rerum incorporalium* [1]. Par conséquent, la liste des choses *mancipi* doit être composée de la manière suivante :

1° *Les prædia rustica et urbana*, en Italie ;

2° Les esclaves ;

3° Les bêtes de somme, *quæ collo dorsove domantur.*

Cette énumération paraît être complète. Cependant, on pourrait en douter, à cause de cette circonstance qu'Ulpien, en parlant de choses mobilières *mancipi*, dit : *non plures quam quot manu capi possunt, mancipantur* [2]. Expression qui semblerait se référer à des objets mobiliers autres que des esclaves ou des bêtes de somme ; mais, comme il n'y a pas de lacunes dans les textes qui contiennent l'énumération des choses *mancipi*, il faut bien s'en tenir à cette même énumération.

Toutes les choses incorporelles étaient donc considérées comme *nec mancipi*, c'est-à-dire comme étant sans importance pour la fixation de la fortune officielle des citoyens. Cependant, les servitudes rurales ont fini par prendre place au nombre des choses *mancipi*, et il n'est pas facile d'expliquer pourquoi on n'a pas jugé à propos de laisser sous l'empire des mêmes principes les servitudes rurales et les servitudes urbaines. Toutefois, je proposerai l'explication suivante :

[1] *Gai.* II, § 17.
[2] *Reg.* XIX, § 6.

A l'époque où fut établie la distinction entre les choses *mancipi* et les choses *nec mancipi*, il n'y avait guère que deux modes volontaires de transférer la propriété qu'il fût possible d'employer : la *venditio per æs et libram,* devenue la mancipation, et la tradition. Sans doute, l'*in jure cessio* existait déjà probablement, mais son emploi était fort incommode et souvent impossible, comme le reconnaît Gaius [1]. Or, les servitudes étant choses incorporelles ne pouvaient évidemment être constituées par la tradition. Il ne suffisait pas, en effet, qu'une chose fût *nec mancipi* pour que la propriété pût en être transférée par la simple tradition; il fallait de plus qu'elle fût corporelle : *nam res nec mancipi*, dit Gaius, *nuda traditione abalienari possunt, si modo corporales sunt et ob id recipiunt traditionem* [2]. Elles ne pouvaient pas non plus, vu leur qualité, être constituées par mancipation. Il paraissait donc fort difficile de pouvoir constituer par acte entre vifs un droit de servitude soit rurale, soit urbaine. Cependant, il fallait bien pouvoir y arriver, et voici la tentative qui fut faite :

Il paraît qu'à cette époque, il était admis, comme nous le verrons plus loin, que l'exercice d'un droit incorporel constitue la possession de ce droit. Dès-lors, on voulut faire produire à cette possession ses effets juridiques ordinaires, et la jurisprudence reconnut que les servitudes pourraient être acquises au moyen de l'usucapion. Mais, néanmoins, l'usucapion ne put s'appliquer que d'une manière assez restreinte aux servitudes rurales, lesquelles ne sont pas susceptibles de possession continue [3]. L'usucapion ne

[1] *Plerumque tamen et fere semper mancipationibus utimur; quod enim ipsi per nos præsentibus amicis agere possumus, hoc non est necesse cum majore difficultate apud prætorem aut apud præsidem provinciæ querere.* II, § 25.

[2] *Gai.* II, § 19.

[3] *Servitutes prædiorum rusticorum, etiam si corporibus accedunt, incorporales tamen sunt : et ideo usu non capiuntur, vel ideo quia tales sunt servitutes ut*

favorisa donc d'une manière bien efficace que l'établissement des servitudes urbaines, et il parut aussi difficile qu'avant de constituer par actes entre vifs les servitudes rurales. L'intérêt de l'agriculture exigeait, néanmoins, que leur établissement ne fût pas entravé; alors, pour lever la difficulté, on fut obligé de leur rendre applicable le mode civil de la mancipation, et c'est ainsi qu'elles prirent place dans la catégorie des choses *mancipi*; car on appela chose *mancipi* toutes celles dont la propriété pouvait être transférée par la mancipation, et non pas seulement celles qui étaient prises en considération pour déterminer la fortune privée: *mancipi res sunt quæ per mancipationem ad alium transferuntur; undè quidem mancipi res sunt dictæ* [1].

Ainsi donc, si les servitudes rurales ont pris rang parmi les choses *mancipi*, ce n'est pas que leur nature juridique présentât quelque caractère commun avec les autres choses *mancipi*; c'est uniquement parce que les nécessités de la pratique avaient exigé que le mode civil de la mancipation leur fût déclaré applicable. Ainsi que nous le verrons plus tard, des raisons analogues firent pareillement admettre l'emploi de la mancipation dans des hypothèses pour lesquelles elle n'avait certainement pas été créée.

IV. La distinction désormais établie entre les choses *mancipi* et les choses *nec mancipi*, et la constitution de la mancipation, eurent pour conséquence nécessaire une modification importante du droit de propriété. Désormais, la

non habeant certam continuamque possessionem; nemo enim tam perpetuo, tam continenter ire potest, ut nullo momento possessio ejus interpellari videatur. Idem et in servitutibus prædiorum urbanorum observatur. Paul, L. 14, D. 8, 1 (*de servit.*). Je n'ai pas besoin de faire observer que la remarque finale relative aux servitudes urbaines ne se réfère pas au raisonnement qui vient d'être fait pour expliquer que les servitudes rurales sont essentiellement *discontinues*; elle se réfère uniquement à la prohibition de l'usucapion.

[1] *Gai.* II, § 22.

propriété des choses *mancipi* ne pouvant être transférée que par la mancipation, il en résulta que la tradition n'investit l'acquéreur que de la possession. En fait, la chose était dans son patrimoine ; mais l'autorité publique ne lui en garantissait pas la conservation par l'action en revendication. Aux yeux de la loi, l'aliénateur qui n'avait pas *mancipé* restait toujours propriétaire d'une manière absolue. En un mot, le *dominium* cessa d'être un ; désormais il fallut distinguer entre le *dominium ex jure quiritium* et le *dominium in bonis* ou *bonitarium*. Au premier abord, un pareil résultat paraît étrange, et l'esprit n'accorde pas une facile adhésion à ce dédoublement de la propriété. Cependant, pour peu qu'on veuille réfléchir, on se convaincra qu'il n'y a rien de plus naturel et de plus logique, et qu'une distinction entre un domaine absolu et un domaine relatif sera toujours la conséquence nécessaire de toute législation qui subordonnera le transfert de la propriété à un acte juridique indépendant de la convention. Aussi faut-il remarquer que, chez nous, la loi du 11 brumaire an VII et celle du 23 mars 1855 ont, dans une certaine mesure, fait revivre l'ancienne distinction entre le *dominium ex jure quiritium* et le *dominium in bonis*. En effet, jusqu'à la transcription, l'acquéreur n'est pas propriétaire au regard des tiers qui auront acquis des droits réels du chef du vendeur, et qui se seront conformés à la loi pour les conserver. Il n'est donc pas garanti contre les concessions de droits réels qui pourraient émaner du vendeur, c'est-à-dire qu'à ce point de vue et quoique la chose soit *in bonis suis*, il n'est pas *dominus ex jure quiritium*. Mais il devra, au contraire, être considéré comme *dominus ex jure quiritium* dans tous les rapports qui pourront s'établir entre lui et ceux qui ne représentent pas son vendeur ; — voilà pour l'acquéreur. Quant au vendeur, jusqu'à la transcription, il reste investi du *jus quiritium*, en ce sens qu'il peut valablement conférer aux tiers des droits réels opposables à l'acquéreur. Il faut donc reconnaître qu'il existe désormais en Droit français une propriété *relative* et une propriété *absolue* [1].

Ce n'est pas tout, le parallèle entre les deux législations peut encore être poussé plus loin ; et quoiqu'il n'y ait peut-être pas, je le reconnais, une parfaite analogie entre les motifs qui firent établir la mancipation à Rome et la transcription en France, en fait cependant, et par la force même des choses, la mancipation rendit impossible à Rome les inconvénients que la transcription a eu pour but de faire disparaître chez nous. En effet, la propriété du sol italique ne pouvait résulter que d'une *mancipatio* faite en présence des *classici testes*, ou d'une *cessio in jure* consentie devant le magistrat, ou d'une *usucapio* résultant d'une possession publique, ou enfin d'un testament fait *calatis comitiis*, *in procinctu* ou *per æs et libram* ; il s'ensuit que la publicité la plus sérieuse entourait toujours les actes translatifs de propriété, et qu'entre deux acquéreurs successifs, la préférence était toujours accordée à celui à qui la chose avait été mancipée, et non pas seulement livrée. Il est vrai qu'à partir de l'introduction de la publicienne et de l'exception *rei venditæ aut donatæ et traditæ*, le rôle de la mancipation, au point de vue qui nous occupe, fut transporté à la tradition, et qu'il en résulta certaines perturbations dans la condition de la propriété ; mais, pour le moment, il importe de constater que, dès les premiers siècles de Rome et dans la période la plus reculée de l'histoire du Droit Quiritaire, nous trouvons la propriété régie par un système savamment organisé, et reposant sur des principes qui ont paru nouveaux à quelques praticiens modernes.

Enfin, pour compléter cette démonstration, je ferai remarquer que l'introduction de la mancipation à Rome, et de la

[1] *Sic* Mourlon, 2e *examen*, 5e édition, p. 577.

transcription en France, ont et devaient logiquement avoir les mêmes conséquences par rapport à l'usucapion. L'usucapion, en effet, servait non seulement à rendre propriétaire celui qui avait acquis *a non domino*, avec juste titre et bonne foi, mais encore à rendre propriétaire *ex jure quiritium* celui qui avait acquis du vrai propriétaire une chose *mancipi* simplement livrée et non mancipée. Or, il en sera désormais absolument de même en France. La prescription trentenaire rendra désormais propriétaire *ex jure quiritium*, c'est-à-dire à l'égard des tiers, celui qui aura acquis du vrai propriétaire, mais qui n'aura pas employé le mode civil de la transcription [1].

Il est donc manifeste qu'en cette matière il y a entre le Droit romain et le Droit français la plus grande analogie ; et la légère différence qu'on pourrait signaler sur ce point entre les deux législations se trouve plutôt dans les mots que dans la chose. S'il est juste, en effet, de reconnaître qu'en Droit français, l'acquéreur, jusqu'à la transcription, est bien réellement propriétaire, sous la garantie de l'autorité publique, vis-à-vis du vendeur et des tiers qui ne représentent pas ce dernier, tandis qu'à Rome, celui qui avait reçu une chose *mancipi* au moyen d'une simple tradition n'était *dominus ex jure quiritium* vis-à-vis de personne, il faut aussi convenir qu'au fond et dans la réalité des choses, la position est identique, et que l'emploi de la publicienne, combiné avec l'exception ou la réplique *rei venditæ aut donatæ et traditæ*, faisait à l'acquéreur en Droit romain une position vis-à-vis du vendeur analogue à celle que lui assure le Droit français.

Voilà donc expliqué et justifié le dédoublement du droit de propriété en *dominium ex jure quiritium* et *dominium in*

[1] Voy. Bressolles, *Exposé des règles sur la transcription*, n° 34.

bonis, il nous reste à expliquer et justifier la persistance dans le droit du *nudum jus quiritium*.

V. Le *nudum jus quiritium* produisait les seuls effets suivants :

1° Il assurait au titulaire l'exercice de l'action en revendication contre le tiers possesseur qui n'avait pas la chose *in bonis ;* mais le propriétaire bonitaire pouvait à son tour enlever au propriétaire quiritaire le bénéfice de son action en agissant contre lui par la publicienne, car l'exception *justi dominii*, opposée par le titulaire du *nudum jus quiritium,* se trouvait paralysée par la *replicatio rei venditæ aut donatæ et traditæ* ;

2° Le *nudum jus quiritium* attribuait encore la revendication contre celui qui avait la chose *in bonis*, mais alors l'exercice de cette action était paralysé par l'exception *rei venditæ aut donatæ et traditæ* ;

3° Celui qui avait le *nudum jus quiritium* d'un esclave, ne pouvait en faire un latin-junien, il ne pouvait qu'abdiquer son titre par un affranchissement solennel. (*Disp. for. de manum.*, § 11) ;

4° La tutelle de l'esclave affranchi par son propriétaire bonitaire est conservée par la loi *Junia* à celui qui en avait le *nudum jus quiritium* [1].

On remarquera que les deux premiers effets que je viens de signaler, et qui même peuvent être ramenés à un seul, se trouvaient en réalité anéantis par des moyens prétoriens, de sorte qu'il ne restait au titulaire du *nudum jus quiritium* qu'un vain titre dépouillé de toute espèce d'utilité. Comment donc se fait-il que les Romains aient maintenu dans leur législation cet inutile embarras ?

La raison n'en sera pas difficile à trouver si, comme

[1] *Gai.* I, 167 ; — *Ulp.* I, 16 ; XI, 19.

nous le croyons, il faut rattacher à la législation de Servius Tullius toute la théorie de la mancipation.

En effet, au point de vue politique, la tradition d'une chose *mancipi*, effectuée par le propriétaire, n'a pas diminué le patrimoine de ce dernier. Sans doute, en fait, la chose se trouve dans le patrimoine du propriétaire bonitaire, mais en droit elle continue d'être portée à l'actif de l'aliénateur, et elle compte pour la composition de sa fortune officielle. Le *jus quiritium*, qu'il a conservé, lui permet de s'en prétendre encore officiellement propriétaire; seulement il est manifeste qu'il ne pourra jamais se prévaloir de son titre vis-à-vis de l'acquéreur, et voilà pourquoi ce titre est *nu, dépouillé*; mais au point de vue politique il n'est pas inutile, et voilà pourquoi il a été maintenu. D'ailleurs, les inconvénients résultant de ce dédoublement momentané du *dominium* ne pouvaient jamais durer bien longtemps, puisque, par l'effet de l'usucapion, le *nudum jus quiritium* devait nécessairement disparaître après un an ou deux ans, à partir du jour de la tradition.

Le même point de vue nous permettra d'expliquer les effets du *nudum jus quiritium*, relativement à l'affranchissement de l'esclave. Et d'abord il est certain que le nu-propriétaire quiritaire d'un esclave ne pouvant jamais se prévaloir de son titre à l'encontre du propriétaire bonitaire, ne saurait, par un affranchissement solennel, conférer la liberté à cet esclave; par cet affranchissement solennel il aura simplement abdiqué son droit quiritaire; l'esclave, désormais, ne comptera plus dans son patrimoine officiel, comme déjà il ne comptait plus dans son patrimoine réel, et il arrivera alors que la propriété bonitaire de l'esclave appartiendra à une personne, sans qu'un autre en ait la nue-propriété quiritaire [1]. Si un esclave impubère est affranchi à la fois

[1] Puchta (*Institutes*, § 236) est, croyons-nous le seul auteur qui admette

par son propriétaire bonitaire, et par celui qui a conservé le *nudum jus quiritium*, il est incontestable que sa tutelle appartiendra à l'ancien propriétaire bonitaire, à qui sont également attribués les droits de patronat. Ce n'est, en effet, que dans l'hypothèse où l'esclave a été affranchi par le propriétaire bonitaire seul qu'une disposition spéciale de la loi Junia Norbana défère la tutelle légitime à celui qui a conservé le *nudum jus quiritium*. « Si ancilla ex jure » quiritium tua sit, dit Gaius, in bonis mea, à me quidem » solo non etiam a te manumissa, latina fieri potest, et » bona ejus ad me pertinent, sed ejus tutela tibi competit : » nam ita lege Junia cavetur [1]. » Voyons quel peut être le motif de cette singularité. La loi Junia Norbana reconnaissait la qualité d'homme libre à un affranchi qui cependant continuait de figurer comme esclave dans le patrimoine officiel du citoyen romain qui avait conservé sur lui le *nudum jus quiritium*. Donc tous les biens que pouvait acquérir cet affranchi étaient censés appartenir au *dominus ex jure quiritium* ; mais si cet affranchi était impubère, s'il était nécessaire par suite de pourvoir à l'administration de sa personne et de ses biens, à qui fallait-il attribuer sa tutelle? Évidemment à celui qui avait conservé officiellement la qualité de *dominus ex jure quiritium*, et qui était encore officiellement considéré comme propriétaire de tout le patrimoine de cet esclave. Il n'était pas possible d'autoriser l'intervention d'un étranger dans l'administration de ce patrimoine. On n'aurait pas compris, par exemple, que l'*auctoritas* du propriétaire bonitaire vînt permettre l'aliénation d'une chose *mancipi* appartenant, il est vrai, à l'impubère latin-junien, mais officiellement considérée comme

formellement que la propriété bonitaire d'une chose peut appartenir à quelqu'un, sans qu'un autre en ait la nue-propriété quiritaire. L'exemple cité au texte me paraît complètement justifier cette opinion.

[1] *Gai.* I, 167. — *Vid. etiam Ulp.* XI, 19.

appartenant au *dominus ex jure quiritium.* C'était donc l'*auctoritas* de ce dernier qui peuvait seule être utilement interposée ; il était donc tout naturel de déclarer que ce dernier serait tuteur, tandis qu'au décès de l'affranchi ses biens retourneraient à l'ancien propriétaire bonitaire, *jure quodam modo peculii* [1]. Du reste, si cette tutelle qui n'était compensée que par le mince avantage d'avoir officiellement une fortune plus considérable, paraissait onéreuse au *dominus ex jure quiritium*, celui-ci pouvait l'abdiquer en affranchissant solennellement le latin-junien qui, nécessairement, passait alors sous la tutelle du propriétaire bonitaire. La loi Junia Norbana ne paraît pas, en effet, maintenir dans cette hypothèse la tutelle au nu-propriétaire quiritaire.

Il faut cependant reconnaître que le *nudum jus quiritium* finit par devenir une superfétation inutile et même embarrassante, dès qu'il n'y eut plus d'intérêt à constater officiellement la fortune des citoyens. Mais sa persistance dans le droit ne tint pas évidemment à l'amour de la forme. Tous les efforts du préteur tendirent, en effet, à l'annihiler ; or il serait absurde d'appeler formaliste un peuple dont la constante préoccupation est de neutraliser les formes juridiques n'ayant plus de raison d'être. Il ne faut donc pas se demander pourquoi le *nudum jus quiritium* a été *maintenu,* mais pourquoi il n'a pas été *abrogé,* et ainsi posée, la question est facile à résoudre; les considérations générales que nous avons fait valoir au début de cette étude feront comprendre, en effet, pourquoi les empereurs ne voulurent pas détacher une pièce même inutile de ce vieux mécanisme quiritaire si savamment organisé.

Ainsi donc, et pour nous résumer sur toute cette matière, l'introduction, dans le droit, de la distinction entre les choses *mancipi* et les choses *nec mancipi*, tient à des consi-

[1] *Gai.* III, 56.

dérations d'un ordre politique supérieur ; cette distinction a entraîné, comme conséquence forcée, la création d'un mode civil destiné à transférer la propriété des choses *mancipi* sous la garantie de l'autorité publique ; la mancipation a produit, à son tour, le dédoublement du *dominium* en *dominium in bonis*, *dominium ex jure quiritium*, et *nudum jus quiritium*. Mais, dans la formation successive de ces divers éléments juridiques, jamais nous ne voyons le Droit romain obéir à une pensée formaliste ou exclusive ; toutes ses décisions, même les plus extraordinaires en apparence, sont conformes aux données les plus exactes du droit philosophique, ou s'expliquent logiquement par l'ancienne constitution politique de la société romaine, et nous sommes obligés de reconnaître qu'il n'y a pas un point dans toute la théorie de la mancipation, qui ne soit la déduction rigoureuse de principes juridiques incontestables [1].

Voyons maintenant quelle a été l'influence de cette théorie sur la condition des femmes et des étrangers.

VI. Occupons-nous d'abord de la condition des femmes. Il est certain que l'adoption d'un système politique faisant dépendre le rang de la famille dans l'Etat de la fortune officiellement constatée, devait nécessairement restreindre la capacité de la femme, surtout quant aux aliénations. Il importait, en effet, de conserver les biens dans la famille agnatique, et par conséquent de les mettre à l'abri des dispositions inconsidérées des femmes. Aussi les deux règles corrélatives qui attribuent aux agnats la tutelle

[1] « La *mancipatio*, dit M. Maynz, est une opération dont nous faisons l'inverse tous les jours quand nous achetons une livre de café, avec cette différence que nous n'employons ni le *libripens*, parce que notre mode de peser rend inutile l'intervention de ce personnage (encore le trouvons-nous dans nos marchés publics sous la forme du peseur ou mesureur juré), ni les témoins, parce que pareille transmission de propriété n'exige point, d'après nos idées, ce mode de garantie sociale. » *Elements de Droit romain*, t. 1, p. 262, note 34.

légitime des femmes et leur succession, me paraissent le complément nécessaire du système de Servius Tullius ; — Et c'est avec raison que M. de Fresquet[1] trouve, dans la condition de la femme en tutelle, à l'époque de l'ancienne République, et spécialement dans son incapacité d'aliéner ses *res mancipi, sine tutore auctore*[2], la démonstration la plus complète de la théorie qui rattache à la législation de Servius Tullius, l'introduction de la distinction entre les choses *mancipi* et *nec mancipi*. — Les développements relatifs à la tutelle des femmes viendront plus naturellement quand nous traiterons des droits de famille ; cependant il importe de caractériser succinctement, et au point de vue spécial qui nous occupe, l'étendue de l'incapacité de la femme relativement à l'aliénation des choses *mancipi*.

De ce que la femme ne pouvait les aliéner sans l'autorisation du tuteur, il suit qu'elle n'aurait pu valablement constituer un droit d'usufruit ou de servitude sur un immeuble du sol italique, quand même il lui eût été possible de le faire autrement que par l'*in jure cessio,* qui requerrait pareillement l'*auctoritas tutoris*[3]. C'est qu'en

[1] *Loc. cit.* p. 520.

[2] *Gai.* II, § 80.

[3] En général on invoque, à l'appui de cette solution, le § 45, Vat. frag., ainsi conçu : *Tametsi ususfructus fundi mancipi non sit, tamen sine tutoris auctoritate alienare eum mulier non potest, cum aliter quam in jure cedendo id facere non possit, nec in jure cessio sine tutoris auctoritate fieri possit. Idem est in servitutibus prædiorum urbanorum ;* — Voy. Genty, *Droit d'usufruit*, p. 41, n° 56. — Cela ne me paraît pas exact ; dans le texte précité, il ne s'agit pas de l'usufruit ou de la servitude que la femme voudrait constituer sur son fonds au profit d'un tiers, mais de l'usufruit dont la femme serait titulaire et qu'elle voudrait abdiquer au profit du nu-propriétaire, ou bien d'une servitude urbaine que la femme, propriétaire du fonds dominant, céderait *in jure* sur l'action négatoire fictivement intentée par le propriétaire du fonds servant. — Si le texte ne parle que des servitudes urbaines, c'est qu'il était inutile de parler des servitudes rurales, lesquelles étant *mancipi*, ne pouvaient être aliénées que *tutore auctore*, sans qu'il pût s'élever de difficulté.

effet, quoique l'usufruit et les servitudes urbaines fussent au nombre des choses *nec mancipi*, leur constitution au profit d'un tiers était un véritable démembrement d'une chose *mancipi*. La femme pouvait, il est vrai, *sine tutoris auctoritate possessionem alienare*, mais cela voulait dire seulement que la rigueur de la prohibition n'empêchait pas, en fait, l'acquéreur de posséder, attendu que la possession est un état de fait, et que : *Res facti infirmari jure civili non potest* [1]; mais en droit cette possession était impuissante pour produire l'effet civil de l'usucapion [2].

De ce que la femme ne pouvait valablement procéder à la mancipation sans l'*auctoritas* de son tuteur, il résulte encore, nécessairement, que lorsque la mancipation eût été employée pour permettre aux citoyens de tester en dehors des comices, il y eût impossibilité pour la femme de tester sans l'autorisation de son tuteur, car la *familia* devait nécessairement être traitée comme les choses *mancipi*, *res prœtiosiores*. Cependant si on examine avec soin le développement historique de la mancipation, on arrivera à cette conclusion que la prohibition de tester *sine tutore auctore*, prononcée à l'égard des femmes, ne le fut jamais d'une manière principale et directe. Il était, en effet, inutile de défendre aux femmes de tester lorsque les testaments ne pouvaient être faits que dans les comices, et que l'accès des comices était interdit aux femmes. Il n'y eut jamais qu'une seule prohibition, celle de procéder, dans la mancipation, *sine tutoris auctoritate*, et c'est de là que

[1] L. I, § 4, D. 41, 2 (*de adquir. vel. amitt. poss.*). — Cette observation suffit, je crois, pour démontrer que par ces mots : *alienare possessionem*, le jurisconsulte n'entend pas parler d'une espèce particulière de démembrement de la propriété qui constituerait un droit incorporel analogue au droit d'usufruit et devant être classé au rang des choses *nec mancipi*. — Cependant M. Pellat semble admettre cette dernière interprétation ; *Propriété* et *usufruit*, p. 6, texte et note 1.

[2] Vat. frag. § 1 et 259.

découla, par voie de conséquence, l'impossibilité pour la femme de tester *per æs et libram* sans l'assistance de son tuteur. Je suis, en effet, frappé de cette circonstance que le préteur n'hésitait pas à accorder la possession des biens à l'héritier institué dans un testament fait *sine tutore auctore* par une femme en tutelle [1]. Il n'est pas probable qu'il eût ainsi cherché à corriger le droit civil, s'il y avait eu une prohibition formelle et prononcée d'une manière principale à l'égard de la femme. Ce point sera, d'ailleurs, l'objet de plus amples recherches, quand nous nous occuperons de la théorie des droits de succession dans l'ancien droit quiritaire [2].

La théorie de la mancipation modifia donc, dans une certaine mesure, la condition civile des femmes. En fut-il de même à l'égard des étrangers? C'est ce qui reste à examiner.

VII. J'ai avancé que, dans la période antérieure à l'introduction de la mancipation, les étrangers ne paraissaient pas avoir été privés, à Rome, de l'exercice du droit de propriété conforme au *jus gentium*. En supposant que cette opinion soit exacte, ne serait-on pas, cependant, obligé de reconnaître que la division des choses en *mancipi* et *nec mancipi*, rendît désormais les étrangers incapables de devenir propriétaires?... Au premier abord, l'affirmative ne paraît pas douteuse. En effet, d'un côté, l'étranger ne pouvait figurer comme *emptor* dans la mancipation, puisqu'il n'avait pas le *jus commercii;* d'un autre côté, il ne lui était pas permis d'usucaper : *Adversus hostem æterna auctoritas*, disaient les

[1] Voy. Gai. II, § 118, 119. — Plus tard, par l'effet d'un rescrit d'Antonin, cette possession de biens devint *cum re* à l'égard des agnats autres que l'ascendant émancipateur, *ibid.* § 120, 121 et 122.

[2] M. de Fresquet, *loc. cit.*, expose un système tout-à-fait contraire.

XII Tables ; donc jamais il ne pouvait devenir propriétaire du sol italique. — Ce raisonnement serait irréfutable si la distinction entre les choses *mancipi* et les choses *nec mancipi*, avait eu une valeur quelconque à l'égard des pérégrins ; mais il n'en fut jamais ainsi : cette distinction n'existait pas et même ne pouvait pas exister pour eux ; les considérations politiques qui avaient motivé son introduction, leur étaient, en effet, complètement étrangères.

Pour les pérégrins, l'introduction de la mancipation n'apporta aucun changement nouveau. Sans doute, la mancipation, qui n'était pas établie en leur faveur, leur fut naturellement interdite ; mais, comme il n'y avait pour eux ni choses *mancipi*, ni choses *nec mancipi*, que pour eux toutes les choses pouvant composer notre patrimoine étaient de même nature, il leur fut possible d'en acquérir la propriété, sans distinction, au moyen de la tradition, conformément au *jus gentium*. Par conséquent, une chose *mancipi*, un esclave, par exemple, qui n'aurait pu entrer dans le *dominium* d'un citoyen qu'au moyen de la *mancipatio* ou de la *cessio in jure*, pouvait entrer dans le patrimoine d'un pérégrin au moyen d'une simple tradition ; et cette solution, justifiée par le raisonnement, se trouve aussi corroborée par les textes.

En effet, dans le § 47 des *frag. vatic.*, Paul, après avoir indiqué que l'on peut manciper la nue-propriété d'une chose *mancipi*, déduction faite de l'usufruit, déclare que cette déduction de l'usufruit n'est pas possible dans la tradition d'une chose *nec mancipi*, quand même il s'agirait d'un esclave livré à un pérégrin : *in re nec mancipi per traditionem deduci ususfructus non potest ; nec in homine si peregrino tradatur....* C'est-à-dire qu'à l'égard des pérégrins l'esclave, quoique chose *mancipi*, est juridiquement traité comme chose *nec mancipi*, et que la propriété peut en être transférée par un citoyen romain à un pérégrin au moyen de la tradition [1]; en un mot que vis-à-vis du pérégrin la célèbre distinction est considérée comme non avenue.

Toutefois, je n'hésite pas à reconnaître que le § 47, *vat. frag.*, ne prouve pas directement que l'étranger ait pu devenir propriétaire du sol italique, car il ne s'agit dans ce texte que d'une chose mobilière; j'ai seulement prétendu établir que la destination entre les choses *mancipi* et les choses *nec mancipi* était forcément étrangère aux pérégrins, que par suite la position de ces derniers, telle quelle, n'avait pu être modifiée ni par conséquent empirée par la théorie de la mancipation. Ainsi donc, lorsqu'on agite la question de savoir si les pérégrins pouvaient posséder le sol italique, la circonstance que le sol italique était *mancipi* et que les pérégrins ne pouvaient figurer dans la mancipation est tout-à-fait indifférente. Reste maintenant l'objection tirée de la maxime: *Adversus hostem æterna auctoritas.* Cette maxime prouve seulement que l'étranger ne pouvait posséder une chose *ad usucapionem* [2], mais ne prouve pas le moins du monde qu'il lui était absolument interdit de posséder. Jusqu'ici donc nous n'avons pas encore trouvé de texte qui exclue formellement le pérégrin de la propriété.

[1] M. Pellat, dans son traité classique sur la *Propriété*, a le premier fait cette importante remarque, voy. 2e édit., p. 53, note. — Je ferai remarquer à ce sujet que la plupart des lois réglant la condition des esclaves ne concernaient pas les pérégrins propriétaires d'esclaves; de sorte qu'à ce point de vue les pérégrins étaient mieux traités que les citoyens. Ainsi, par exemple, les restrictions apportées aux affranchissements par la loi *Ælia-Sentia* ne leur étaient pas applicables; et il fallut un sénatus-consulte rendu sur l'initiative d'Adrien pour les soumettre à la disposition qui déclarait non avenu l'affranchissement fait en fraude des droits du créancier. Gai. I, § 47. — Même observation pour la loi *Junia-Norbana*; dans le cas d'un affranchissement irrégulier fait par un pérégrin, le préteur ne pouvait intervenir pour maintenir l'esclave en liberté de fait que si la loi qui régissait le pérégrin ne s'y opposait pas, *disput. forens. de manumiss.* § 12 (14).

[2] J'indiquerai plus loin la véritable signification de cette règle.

Cependant, certains auteurs ont cru trouver dans un passage de Gaius la preuve que, selon la rigueur du vieux droit romain, la propriété était déniée aux pérégrins, et voici comment ils raisonnent : D'après Gaius [1], l'action *furti* était donnée à celui qui avait intérêt à ce que le vol n'eût pas lieu, et par conséquent au propriétaire dont l'intérêt était le plus manifeste [2]. Or, le pérégrin ne pouvait y recourir qu'en vertu d'une fiction, *civitas romana ei fingitur*; donc puisqu'il avait besoin d'une fiction, c'est qu'il n'était pas propriétaire [3]. Remarquons d'abord que l'argument prouve trop, puisque le *furtum* et l'*actio furti* ne pouvant se concevoir qu'à l'occasion d'une chose mobilière, il tendrait à démontrer que les Romains ne reconnaissaient pas aux étrangers la qualité de propriétaire, même des habits dont ils étaient revêtus, et qu'avant l'introduction de la fiction dont parle Gaius, on pouvait les dépouiller impunément. Mais, d'ailleurs, la réponse est facile. L'*actio furti*, en effet, n'est pas donnée au propriétaire seul; elle peut être intentée par toute personne, même non propriétaire, qui a un intérêt à ce que le vol n'ait pas lieu; l'étranger pourrait donc intenter cette action sans être propriétaire ; par conséquent si l'*actio furti* lui est refusée en principe, ce n'est pas du tout parce qu'on lui aurait dénié la qualité de propriétaire, et la raison de cette disposition doit être cherchée dans un autre ordre d'idées. Voici comment s'exprime le texte de Gaius : *Civitas romana peregrino fingitur* SI EO NOMINE *agat aut cum eo*

[1] IV, § 37.

[2] L. 80, pr. D. 47, 2 (*de furtis*).

[3] C'est notamment l'opinion de M. Maynz, t. 1, p. 429, § 178 ; mais cet auteur conclut seulement du texte de Gaius, que les pérégrins n'avaient pas la propriété *romaine* ; d'ailleurs dans un autre passage il reconnaît que la propriété comme institution du *jus gentium* devait nécessairement être accessible aux étrangers, t. 1, p. 70, § 33 ; c'est aussi la doctrine de M. de Savigny, *Traité de droit romain*, t. 2, p. 39, note *g*.

agatur, QUO NOMINE NOSTRIS LEGIBUS ACTIO CONSTITUTA EST ; c'est à-dire que la qualité de citoyen est fictivement attribuée à l'étranger lorsqu'il veut agir lui-même ou qu'on veut agir contre lui à l'occasion d'un rapport juridique particulier pour lequel *notre droit civil spécial (nostræ leges)*, accorde une action. Mais il est certain qu'il n'aura pas besoin de cette fiction, s'il agit à l'occasion d'un rapport juridique engendrant une action d'après le droit des gens. Or, le *dominium* étant du droit des gens, le pérégrin n'aura pas besoin d'une fiction pour intenter l'action réelle, car l'action réelle dérive du *jus gentium* et non pas du droit qui régit la cité. Mais si, au contraire, il veut se pourvoir par l'*actio furti*, il faudra nécessairement qu'une fiction l'y autorise, car l'*actio furti* dérive du droit qui régit la cité. Supposez qu'on lui refuse le bénéfice de cette fiction, qu'arrivera-t-il ? uniquement ceci, que le pérégrin ne pourra plus agir contre le voleur par l'*actio furti*, mais s'il était propriétaire de l'objet volé, il pourra toujours diriger l'action réelle contre le détenteur de la chose.... Or, si la fiction de la cité eût été nécessaire au pérégrin pour agir en revendication, il est probable que Gaius l'aurait dit ici, alors surtout qu'il vient, dans le paragraphe précédent, de parler de la fiction de l'action *Publicienne*. Il faut noter, en outre, que les exemples qu'il cite dans le § 37 excluent formellement tout ce qui dérive du *jus gentium*.

Il est certain, d'un autre côté, que les étrangers étaient admis à former à Rome de grands établissements : l'histoire du Lucumon de Tarquinies, arrivé à Rome comme simple particulier, et, quelque temps après, proclamé roi sous le nom de Tarquin, le démontre d'une manière non équivoque ; et quand même le récit de Tite-Live et de Denys d'Halicarnasse devrait être considéré comme une fable, il témoignerait tout au moins d'une tradition constante, et il en résulterait toujours que, dès les premiers temps, la constitution sociale à Rome était assez large, assez hospitalière pour engager de nobles étrangers à venir s'y établir d'une manière définitive. Je n'ai pas l'intention de soutenir que la propriété de l'*ager romanus* a toujours été complètement accessible aux étrangers, mais je prétends qu'en réalité leur position n'était pas si précaire qu'on le croit généralement. Reconnaissons donc avec M. Maynz « que les Romains ne leur déniaient point l'exercice du pouvoir que l'homme peut avoir sur les objets matériels et que nous appelons propriété, *dominium*. Mais, ajoute le même auteur, cette propriété des étrangers ne jouissait que d'une protection relative et était loin d'être aussi efficace que celle accordée au *dominium* du citoyen romain [1]. » M. Maynz a raison ; seulement, il faudrait indiquer en quoi la propriété du *jus gentium*, admise en faveur du pérégrin, était moins protégée que le *dominium ex jure quiritium* ; car l'esprit ne saurait, en pareille matière, se contenter de données vagues et générales. Or, d'après tout ce qui précède, il paraît manifeste que l'infériorité du *dominium* du droit des gens consistait uniquement en ce que les pérégrins ne pouvaient acquérir par les modes du droit civil, et spécialement en ce qu'il ne leur était pas permis d'usucaper. Par conséquent, ils n'avaient aucun moyen d'échapper à la revendication du véritable propriétaire lorsqu'ils avaient reçu, même de bonne foi, une chose *a non domino*. Quant à l'action réelle qui garantissait la propriété pérégrine, il paraît difficile, dans l'état actuel de la science, d'en déterminer la nature et le caractère juridique. Peut-être pourrait-on la trouver dans la *formula petitoria*, qui, selon la plupart des auteurs allemands, ne comportait pas dans son *intentio* l'adition : *ex jure quiritium*, ainsi qu'on peut l'inférer d'un passage de Gaius : *Petitoria autem formula hæc est qua actor intendit rem suam esse* [2] ; l'exactitude de cette

[1] *Loc. cit.*, t. I, p. 70, § 33.

[2] *Gai.* IV, § 92. — Voy. Pellat, *Revendication et Publicienne*, p. 434 et s.

opinion serait cependant fort douteuse ; mais il suffit d'avoir pu démontrer que nécessairement une action telle quelle devait protéger la propriéte du droit des gens.

La considération du *jus gentium* avait donc suffi pour rendre la propriété accessible aux étrangers ; mais la même considération devait les faire exclure de certains avantages dérivant du droit civil ; en un mot, le *jus gentium* donnait à la fois la mesure et la limite de leur droit. Par conséquent, les démembrements de la propriété, notamment l'usufruit, ayant leur fondement dans le droit civil et ne pouvant être constitués que par des modes du droit civil [1], il en résulte que, dans les premiers temps, les étrangers restèrent dans l'impossibilité de les acquérir. « Mais pourquoi, se demande M. Genty [2], alors qu'il était possible de donner la propriété à des étrangers, était-il impossible de leur donner l'usufruit? Il avait bien fallu, répond-il, pour permettre le commerce et les relations d'affaires avec eux, admettre entre eux et les citoyens un moyen de transférer la propriété, tandis que la nécessité n'était pas la même relativement à la constitution d'usufruit. »

§ 4.

I. De la tradition ; son rôle avant l'introduction de la mancipation.
II. Son rôle après cette introduction ; indivisibilité de la tradition.
III. La tradition finit par absorber la mancipation et l'*in jure cessio*.

I. Avant l'introduction dans le Droit de la distinction entre les choses *mancipi* et *nec mancipi* et de la mancipation, la théorie de la tradition devait nécessairement

[1] *Frag. vat.*, § 45.
[2] *Traité des droits d'usufruit, d'usage*, etc., p. 41, § 56.

présenter une médiocre importance. Il nous suffit, en effet, de rappeler que le transfert de la propriété s'effectuait, soit au moyen de la simple tradition dans les cas de libéralité, soit au moyen d'une tradition réciproque, *la permutatio rerum*, dans le cas d'échange proprement dit, soit enfin au moyen d'une tradition combinée avec la *venditio per æs et libram* dans le cas de vente ou autre transaction entraînant une numération d'espèces. Mais il est certain que l'introduction de la mancipation vint modifier singulièrement les conditions juridiques de la tradition en restreignant ses effets d'une manière notable. Il importe donc de savoir ce que devint la tradition à partir de l'introduction de la mancipation.

II. Il n'est pas rare d'entendre soutenir que la tradition devint alors le mode translatif de propriété spécialement affecté aux choses *nec mancipi*, et que par suite le caractère distinctif des choses *nec mancipi* est de pouvoir être transférées en propriété au moyen de la tradition. C'est là une double erreur. La tradition, en effet, ne peut transférer la propriété d'une chose *nec mancipi* qu'à la double condition : 1° que cette chose soit corporelle [1], ce qui exclut les servitudes; 2° qu'elle soit susceptible de *dominium ex jure quiritium*, ce qui exclut les fonds provinciaux. Par conséquent, le véritable caractère des choses qui ne sont pas *mancipi*, c'est d'être *nec mancipi*, c'est-à-dire, s'il m'est permis d'employer l'expression, *insusceptibles de mancipation*; quant à la tradition, on pourra sans doute l'employer à leur égard, comme le dit Gaius, si leur nature le comporte [2]; mais c'est là un point secondaire. Ainsi donc, comme le sol italique était *res mancipi*, et que le sol provincial n'était pas susceptible de *dominium ex jure quiritium*, il en résulte que l'emploi de la

[1] *Gai.* II, § 28; L. 43, § 1, D. 41, 1 (*De adquir. rer. dom.*).

[2] *Gai.* II, § 19.

tradition considérée comme translative de propriété, et non pas seulement comme translative de possession, fut restreint aux choses purement mobilières. Mais, dans cette limite restreinte, la tradition fut toujours ou translative de possession seulement, ou bien translative de propriété, *si aliqua justa causa præcesserit* [1]. Il ne fut pas possible de concevoir une situation intermédiaire; chaque fois que la *justa causa* préexistait, la tradition rendait l'*accipiens* propriétaire *ex jure quiritium* et jamais propriétaire bonitaire. De sorte qu'il est impossible d'imaginer comment, dans le premier état du droit, les choses *nec mancipi* auraient pu être susceptibles du simple *dominium in bonis* [2]. — Cela ne veut pas dire que pendant cette période les choses *nec mancipi* n'auraient pas été susceptibles du *dominium juris gentium*, car, dans cette singulière opinion, il faudrait admettre qu'elles n'étaient pas susceptibles du *dominium juris gentium* précisément parce que leur propriété ne pouvait être transférée qu'à l'aide d'un des modes dérivant du *jus gentium* lui-même!... Cela signifie seulement que le *dominium* des choses mobilières était toujours *plenum*, c'est-à-dire qu'il comprenait à la fois et les éléments du *dominium in bonis* et ceux du *dominium ex jure quiritium*.

De ce qu'il était impossible de scinder ou de restreindre les effets que devait produire la tradition d'après le *jus gentium*, il en résulte encore que la *deductio ususfructus*, ou réserve de l'usufruit, qui pouvait tout naturellement être

[1] L. 31 pr. D. 41, 1 (*De adquir. dom.*)

[2] Mais plus tard l'intervention prétorienne multiplia les cas de simple propriété bonitaire (envois en possession ordonnés par le préteur, restitution de l'hérédité en vertu du sénatus-consulte Trébellien, etc.), et comme la propriété bonitaire accordée par le préteur était tout-à-fait indépendante du caractère *mancipi* ou *nec mancipi* des choses sur lesquelles elle portait, il en résulta qu'on pût alors concevoir la propriété bonitaire par rapport à des choses *nec mancipi*.

faite dans la *mancipatio* ou la *cessio in jure*, était radicalement impossible dans la tradition.

« *In re nec mancipi*, dit Paul, *per traditionem deduci usufructus non potest.... civili enim actione constitui potest, non traditione, quæ juris gentium est* [1]. » Qu'est-ce à dire ? c'est que la tradition transfère ou la propriété ou la possession d'après l'intention des parties ; elle transfère toute la possession, si les parties ont eu la possession en vue, toute la propriété si les partie sont eu en vue la propriété ; mais il est impossible que la volonté des parties vienne restreindre les effets de l'acte, parce que deux choses contradictoires entre elles ne peuvent co-exister. Au moment même où je vous livre un objet pour vous en transférer la propriété, il est matériellement impossible que dans le même instant je le retienne pour le détenir en qualité d'usufruitier. Sans doute, il pourra se faire que j'aie l'intention de vous en transférer seulement la nu-propriété ; mais, si en recevant la chose, vous acquiescez vous-même à ma volonté, il sera seulement intervenu entre nous une convention qui, si elle est conforme au droit, pourra avoir pour conséquence de vous obliger à me rendre usufruitier au moyen de la *cessio in jure*. Ainsi donc, cette réserve dans la tradition ne pourra jamais limiter les effets nécessaires de cette tradition elle-même, elle pourra seulement revêtir quelquefois le caractère d'un contrat et engendrer une obligation. C'est donc sans raison qu'on voudrait considérer comme entachée de matérialisme la solution donnée par Paul, dans le § 47 des *frag. vat.* Et, au sujet de ce texte, je ferai remarquer avec quelle finesse d'analyse les Romains savaient discerner les effets

[1] *Vatic. frag.*, § 47 ; — Paul dit encore quelque chose de semblable dans la L. 44, § 1, D. 44, 7 (*de obligat. et act.*) :.... *Sic et in tradendo, si quis dixerit : se solum sine superficie tradere, nihil proficit quominus et superficies transeat quæ natura solo cohæret.*

divers que pouvait engendrer un élément juridique, suivant qu'il dérivait du droit civil ou du droit des gens ; avec quelle rigoureuse exactitude ils appliquaient leurs déductions et avec quelle concision ils savaient les formuler.

III. Mais sous l'influence de ce même droit des gens, la tradition ne tarda pas à reprendre le terrain d'où le droit civil l'avait exclue, et sa sphère d'action fut considérablement élargie. En effet, la tradition d'une chose *mancipi* suffisait pour en transférer la possession juridique ; à ce point de vue, on avait conservé à la tradition son caractère essentiel qui est d'être translative de possession. Mais on alla plus loin : la nécessité de protéger le possesseur qui avait perdu la possession avant l'expiration du temps requis pour l'usucapion donna naissance à l'action publicienne; d'un autre côté, l'exception *rei venditœ aut donatœ et traditœ*, ne tarda pas aussi à s'introduire pour garantir le propriétaire bonitaire contre les effets du *jus quiritium*; dès-lors, l'ancienne économie de la législation quiritaire fut gravement troublée, et la mancipation, restreinte désormais dans les limites que lui assignaient les motifs purement politiques de son origine, cessa d'être prépondérante dans les rapports civils. Entre plusieurs adversaires ayant reçu la chose du même auteur, la préférence appartint désormais non pas à celui à qui la chose avait été d'abord mancipée, mais à celui qui le premier en avait reçu tradition [1]. Le développement de la théorie de la tradition réduisit donc à fort peu de chose la publicité résultant de la mancipation et de la *cessio in jure* [2]. C'est, qu'en effet, dit M. Maynz, « la tradition n'a

[1] Voy. L. 9, § 4, D. 6, 2 (*de public. in rem act.*), et le commentaire de M. Pellat sur cette loi, *propriété et usufruit*, p. 527 et suiv.

[2] C'est ce qu'a remarqué avec raison mon savant collègue et excellent ami M. Humbert, dans un article inséré dans la *Revue historique*, ayant pour titre :

point le caractère d'authenticité qui distinguait la *mancipatio* et la *in jure cessio;* c'est en outre un acte équivoque qui ne reçoit sa valeur translative de propriété que par son élément intentionnel dont l'appréciation peut, dans bien des cas, être fort incertaine. Sous ce rapport, le droit de Justinien mérite en grande partie les reproches qui lui ont été adressés[1]. » Si les Romains avaient été formalistes, ils n'auraient jamais encouru ces reproches; ils s'en seraient tenus énergiquement à la théorie de la mancipation et auraient su résister aux envahissements du *jus gentium;* mais ils étaient si peu exclusifs, si peu attachés à la forme, que, dans beaucoup d'hypothèses, ils n'exigèrent pas une tradition réelle, mais ils se contentèrent d'une tradition purement consensuelle[2], ou bien, d'une tradition complètement supposée[3].

Enfin, les Romains étaient si peu matérialistes qu'ils finirent souvent par ne plus tenir compte que de l'élément intentionnel, pour négliger absolument le fait de la livraison. La tradition put dès-lors être appliquée aux droits incorporels, et c'est ainsi que fut admise la constitution des servitudes *pactis et stipulationibus.* Déjà, en effet, du temps de Labéon, et sous l'influence du droit provincial, il fut reçu que l'établissement d'une servitude dont les conditions d'exercice avaient été réglées par un pacte, pourrait résulter d'une stipulation formelle[4]. — C'est le même courant

Nouvelles observations sur la loi relative à la transcription (vol. de 1855, p. 466, note 3).

[1] *Éléments de droit romain*, t. I, p. 463, § 192.

[2] L. 11, § 1, et L. 2, D. 17, 2 (*pro socio*); L. 77, D. 6, 1 (*de rei vend.*).

[3] L. 15, D. 12, 1 (*de rebus cred.*); L. 43, § 1, D. 23, 3 (*de jure dotium*).

[4] C'est ce qui résulte de la L. 20, D. 8, 1 (*de servit.*); voy. MOLITOR, *possession*, p. 427, n° 91. — Cette doctrine qui est la plus sûre, est enseignée dans la Faculté de droit de Toulouse, par MM. Massol et Demante, professeurs de droit romain.

d'idées qui fit accepter sans difficulté la constitution d'hypothèque par simple pacte [1].

§ 5.

I. Théorie de l'*in jure cessio*; c'est un jugement d'expédient sur un procès fictif en revendication; conséquences.
II. Il n'y a pas lieu de distinguer entre l'effet dévestitif de l'*in jure cessio*, et son effet investitif.
III. Application de cette règle : 1° à l'*in jure cessio* de l'usufruit;
IV. 2° A l'*in jure cessio* de la tutelle légitime;
V. 3° A l'*in jure cessio* d'une *hereditas adita*;
VI. 4° A l'affranchissement *vindicta*, par un seul des copropriétaires, d'un esclave commun.

L'*in jure cessio* n'est autre chose que la fiction de l'action en revendication; c'est donc un véritable jugement d'expédient. Il importe de ne jamais perdre de vue ce caractère particulier de l'*in jure cessio*, car il sert à expliquer ou à justifier plusieurs décisions importantes qui ont souvent paru entachées de formalisme ou de subtilité.

Ainsi, par exemple, comment se fait-il que l'*in jure cessio* ait constitué un mode civil de transférer la propriété commun aux choses *mancipi* et aux choses *nec mancipi?* La réponse est bien simple et pourrait presque être formulée géométriquement : la mancipation d'une chose *mancipi* en transfère la propriété quiritaire, et par voie de suite permet d'exercer la revendication;

La tradition d'une chose *nec mancipi* en transfère pareillement la propriété quiritaire et le droit d'exercer la revendication;

Donc la *cessio in jure* n'étant que la fiction de l'action en revendication devait nécessairement s'appliquer à la fois

[1] L. 4, D. 20, 1 (*de pign. et hyp.*)

aux choses *mancipi* et aux choses *nec mancipi*; le contraire eût été absurde.

Mais ce n'est pas assez; la sphère d'action de la *cessio in jure* doit être absolument la même que celle de la revendication; — or, la revendication n'a pas seulement pour objet les choses corporelles dont les *res mancipi* et *nec mancipi* ne sont qu'une subdivision; la revendication peut en outre avoir pour objet certains droits réels, c'est-à-dire les servitudes; donc la *cessio in jure* devra pareillement s'appliquer aux *jura in re*; le contraire eût été une inconséquence.

Mais par la même raison l'*in jure cessio* ne pourra s'appliquer ni aux créances, puisqu'il est impossible d'employer les formes ordinaires de l'aliénation pour le transfert des droits de demande [1]; ni aux fonds provinciaux, puisque les fonds provinciaux n'étant pas susceptibles de *dominium ex jure quiritium* ne peuvent jamais donner lieu à l'action en revendication [2].

Dans la *cessio in jure*, l'acquéreur, jouant le rôle de revendiquant, se fonde, en apparence, sur un droit préexistant; par conséquent le droit dont le prêteur constate l'existence en sa faveur doit toujours être *actuel*; donc, il ne peut pas être constitué *ex certo tempore*, car il y aurait contradiction dans les termes; on ne peut pas, en effet, se prétendre *actuellement* propriétaire d'une chose *à partir de l'année prochaine*, par exemple [3]. La même considération suffit pour faire comprendre que la *cessio in jure* ne peut jamais servir à constituer un droit conditionnel; d'un autre côté, nous avons déjà vu que la propriété ne pouvait être transférée *ad tempus*; donc, en principe, on ne pourra, au moyen de la *cessio in jure* constituer un droit réel *ad tempus*; il n'y

[1] *Gai.* II, § 38.
[2] *Gai.* II, § 34.
[3] Voy. *Vat. frag.*, § 49.

aura d'exception que pour l'usufruit, précisément parce qu'il est de l'essence de l'usufruit d'être temporaire [1]; mais cette exception ne saurait s'appliquer aux servitudes. Donc et en nous résumant, du caractère de l'*in jure cessio* combiné avec le caractère des droits réels (sauf l'usufruit), il suit nécessairement qu'au moyen de l'*in jure cessio* les droits réels ne peuvent être transférés *neque ex tempore, neque ad tempus, neque sub conditione, neque ad certam conditionem.* Or, les servitudes ne peuvent pas être constituées au moyen de la tradition, car ce sont des choses incorporelles, mais seulement au moyen de l'*in jure cessio*, ou de la mancipation pour les servitudes rurales; donc il est tout naturel que Papinien ait écrit : « *Servitutes ipso quidem jure neque ex tempore, neque ad tempus, neque sub conditione, neque ad certam conditionem (verbi gratia : quamdiù volam) constitui possunt* [2]. » Et la solution du grand jurisconsulte échappe à toute critique.

[1] *Vat. frag.*, § 48; L. 3, § 2, D. 7, 1 (*de usufructu*).

[2] L. 4, D. 8, 1 (*de servitutibus*). M. Pellat (*Propriété*, p. 57 et 58, n° 68) explique la décision de Papinien uniquement par cette considération que les servitudes étant perpétuelles de leur nature sont incompatibles avec toute adjonction de terme ou de condition; c'est en d'autres termes l'application du principe que la propriété ne peut être transférée *ad tempus*. M. Bravard-Veyrières, dans un savant et spirituel pamphlet publié en 1837 *sur* ou plutôt *contre l'étude et l'enseignement du droit romain*, attribue à Papinien le même point de vue, et trouve absurde la solution du grand jurisconsulte : « Voici, dit-il, comment raisonnaient les prudents, fidèles interprètes du droit civil : la servitude est une qualité du fonds, comme l'aridité, la fertilité naturelle du sol; or ces qualités sont tellement identifiées avec le fonds qu'elles ne font qu'un avec lui. Conséquemment une servitude étant réputée une qualité propre du fonds, ne peut pas davantage y être attachée pour un temps seulement ou sous condition. » (page 195). J'avoue que cette critique ne me paraît pas légitime; il est certain, en effet, que les servitudes étant perpétuelles par nature, sinon par essence (voy. Demolombe, *servitudes*, n° 703), le raisonnement attribué aux jurisconsultes romains ne serait pas complètement dénué de fondement. Toutefois, je doute qu'ils aient ainsi envisagé les servitudes. En effet, dans le système que M. Pellat croit être celui des Prudents, le legs d'une

De ce que l'*in jure cessio* n'est qu'une fiction de la revendication, il résulte encore qu'elle ne peut être consentie qu'au profit de celui qui pourrait sans inconséquence exercer fictivement l'action en revendication; d'un autre côté, il est manifeste qu'elle ne peut être utilement consentie à un *non dominus* que par le propriétaire lui-même. De la combinaison de ces deux idées, il suit, que l'usufruit peut bien être constitué au profit de toute personne par l'*in jure cessio* [1]; mais qu'une fois constitué, il ne peut être cédé *in jure* qu'au propriétaire lui-même. Le nu-propriétaire, en effet, peut seul intenter l'action en revendication, qui dans l'espèce est l'action négatoire; lui seul peut dire : *Aio tibi non esse re meâ jus utendi fruendi :* et l'usufruitier est sans qualité pour conférer un droit d'usufruit sur une chose qui ne lui appartient pas [2].

servitude fait à terme ou sous condition, serait, ainsi qu'il le reconnaît lui-même, considéré *ipso jure* comme pur et simple. — Or, il résulte manifestement de la L. 3, D. 33, 3 (*de servitute legata*) qu'un legs conditionnel de servitude n'était pas considéré comme pur et simple, mais produisait au contraire tous les effets juridiques dérivant de sa nature de legs conditionnel ; donc les Romains ne considéraient pas les servitudes comme perpétuelles par essence, mais seulement par nature. Aussi, je pense que le texte de Papinien s'appliquait uniquement à l'hypothèse où la servitude était établie par *in jure cessio*, et que c'est par l'inadvertance des compilateurs qu'il aura été inséré dans le digeste avec le caractère de disposition générale ; on se sera borné à supprimer les mots : *in jure cessione*, qui probablement se trouvaient à la fin de la phrase.

[1] *Vat. frag.* § 47.

[2] On pourrait encore donner à ce sujet l'explication suivante : la validité de l'*in jure cessio* de l'usufruit n'était pas admise dans l'espèce, parce que le cessionnaire se présentant comme revendiquant un droit à lui personnel, le préteur *illi usumfructum addicendo* constaterait l'existence d'un usufruit dont l'*alea* reposerait sur la tête du cessionnaire et non plus sur celle du cédant. Or, comme le dit M. Pellat : « Si l'usufruit était susceptible d'être transporté sur une autre tête, son extinction pourrait être retardée indéfiniment par des cessions successives qui changeraient les conditions de la nue-propriété, et celle-ci deviendrait un

Par conséquent, si l'*in jure cessio* est faite au profit d'un tiers autre que le véritable propriétaire, le cessionnaire n'acquiert absolument rien, *si extraneo cedatur, id est ei qui proprietatem non habeat nihil ad eum transit*, dit Pomponius [1]. Mais le cédant qui n'a rien pu transmettre conserve-t-il son droit, ou bien faut-il scinder les effets de l'*in jure cessio*, et reconnaître que si son effet investitif n'a pu se produire rien ne doit empêcher son effet dévestitif? La solution donnée par Gaius est bien explicite : *Extraneo vero cedendo nihilominus jus suum retinet,* dit-il en parlant de l'usufruitier, *creditur enim ea cessione nihil agi* [2].

II. La solution opposée eût été, il faut en convenir, bien rigoureuse. Cependant on a soutenu qu'il y avait sur ce point controverse entre les jurisconsultes, et même que l'opinion contraire était la plus probable; qu'on devait partir de cette idée : « Que l'effet d'un acte solennel, tel que l'*in jure cessio*, étant déterminé, moins par la volonté des personnes qui y prennent part que par les principes rigoureux de l'ancien droit civil, il fallait reconnaître et conserver à cet acte tout l'effet qui pouvait, dans les circonstances données, résulter des formules employées, bien qu'il ne répondît que partiellement ou ne répondît même pas du tout à l'intention des parties ; que c'était en un mot

droit illusoire. » (Textes sur la dot, p. 302). — *Vereor tamen ne non sit verum*... Il me semble en effet, qu'à ce point de vue, il n'y aurait pas eu d'inconvénient à admettre la validité de cette *in jure cessio*, car il est certain qu'elle n'aurait jamais pu valoir que *inter partes*, et que le nu-propriétaire, à la mort du cédant, aurait toujours triomphé dans son action négatoire contre le cessionnaire.

1 L. 66, D. 23, 3 (*de jure dotium*).

2 II, § 30; c'est également la doctrine de Paul; *in jure cessione*, dit-il, *amittitur ususfructus quoties domino proprietatis eum fructuarius in jure cesserit* (Sent. III, tit. VI, § 32); — donc par argument *a contrario* si l'usufruit était cédé à un tiers, il ne serait pas éteint.

le cas de dire : la forme emporte le fonds [1]. » — A l'appui de cette théorie, on a argumenté de ce qui se passe dans plusieurs cas analogues ; on a fait remarquer en effet :

1° Que lorsque le *tutor cessitius*, c'est-à-dire le tiers à qui le *tutor legitimus* a cédé *in jure* la tutelle, la cède lui-même *in jure* à un autre, le nouveau cessionnaire n'acquiert pas la tutelle, mais que le cédant ne la conserve pas, car elle fait au contraire retour au tuteur légitime [2] ;

2° Que dans la *cessio in jure* d'une *hereditas adita*, l'héritier cédant qui n'a pas pu transmettre à l'acquéreur les droits de créance faisant partie de la succession, ne les conserve pas ; que ces droits périssent en ses mains, et que Gaius lui-même admet cette conséquence [3] ;

3° Enfin, que lorsque le copropriétaire d'un esclave l'affranchit par la *vindicta* (application de l'*in jure cessio*), l'esclave ne devient pas libre, mais que le *manumissor* perd néanmoins sa part de copropriété qui va accroître celle de l'autre copropriétaire.

C'est donc, on le voit, par le prétendu caractère formaliste de l'*in jure cessio* qu'on s'efforce d'expliquer, sans les justifier, ces diverses solutions.

Je pense, au contraire, qu'il n'y a jamais eu controverse sur les effets de l'*in jure cessio* ; que tous les jurisconsultes ont admis, en matière d'usufruit, l'opinion si explicite de Gaius, et que si, en matière de tutelle, d'hérédité et d'affranchissement, ils ont admis avec Gaius lui-même des solutions différentes, ces solutions doivent être expliquées par des considérations prises tout-à-fait en dehors du prétendu caractère formaliste de l'*in jure cessio*.

[1] Voy. M. Pellat, *Propriété et usufruit*, p. 88, et *textes sur la dot*, à la L. 66, D. 23, 3, p. 303.

[2] *Ulp.* XI, § 7.

[3] *Gai.* II, § 25 ; III, § 85 ; — *Ulp.* XIX, § 14.

III. Et d'abord, occupons-nous de l'usufruit. Le seul texte qui paraisse en opposition avec l'opinion de Gaius, est un passage de Pomponius qui forme la L. 66, D. 23, 3 (*de jure dotium*). Pomponius se demande comment un mari pourra, le cas échéant, restituer la dot à sa femme lorsque cette dot consiste dans l'usufruit d'un fonds dont la nu-propriété est demeurée au dotant? Le mari fera-t-il *cessio in jure* de l'usufruit à sa femme qui n'est pas nue-propriétaire? Cela est évidemment impossible: *Quoniam diximus*, dit Pomponius, *usumfructum a fructuario cedi non posse, nisi domino proprietatis*; *et si extraneo cedatur, id est ei qui proprietatem non habeat nihil ad eum transire*; jusqu'ici il n'y a pas de difficulté; mais le jurisconsulte ajoute immédiatement: *sed ad dominum proprietatis reversurum usumfructum.* En conséquence, et pour obvier à cette impossibilité, il indique, *remedii loco*, un autre moyen régulier pour opérer la restitution de la dot. On prétend que par ces mots, *sed ad dominum reversurum usumfructum*, Pomponius a voulu indiquer l'effet immédiatement extinctif de l'usufruit produit par l'*in jure cessio*, ce qui le mettrait en opposition avec Gaius et Paul. Il me semble, au contraire, que Pomponius ne dit rien qui repousse la doctrine que je soutiens: il affirme seulement que, par l'effet d'une pareille *in jure cessio*, rien *ne passe* présentement au cessionnaire *(nihil transire)*, et que, par voie de conséquence, l'usufruit *retournera un jour*, *en son temps*, au nu-propriétaire *(reversurum)*[1].

Il déclare, en d'autres termes, que par une pareille *in jure cessio*, la consolidation de l'usufruit n'est pas hâtée[2].

[1] Mühlenbruch, qui avait d'abord soutenu l'existence de la prétendue controverse entre les jurisconsultes romains, a fini par abandonner son opinion et par reconnaître dans son *traité de la cession*, § 4, note 52, que le texte de Pomponius doit être interprété comme nous l'interprétons nous-même.

[2] M. Pellat, *Textes sur la dot*, p. 305, objecte qu'il n'est pas possible d'ad-

On voit donc, qu'en matière de *cessio in jure* de l'usufruit, il n'y avait pas controverse entre les jurisconsultes. Comment donc se fait-il que les mêmes jurisconsultes aient donné une solution tout-à-fait opposée en matière de *cessio in jure* de la tutelle ? C'est ce que nous allons maintenant examiner.

IV. Les Romains, pour diminuer les charges résultant de la tutelle légitime, avaient admis que son exercice pouvait être transmis à un tiers au moyen de l'*in jure cessio*. Mais il y a une grande différence entre l'*in jure cessio* appliquée à la transmission de l'usufruit, et l'*in jure cessio* appliquée à l'exercice de la tutelle légitime. Lorsqu'il s'agit de l'usufruit, il est certain que les parties ont en vue un véritable *transport-cession ;* or, comme l'usufruit n'est pas cessible, il s'ensuit qne l'*in jure cessio* ne produit aucun effet. Lorsqu'il s'agit, au contraire, d'appliquer l'*in jure cessio* à la tutelle légitime, les parties ont en vue un *transport-mandat*.

mettre que Pomponius, en parlant des effets actuels de la cession, ait ajouté la mention fort inutile de la règle si connue, que l'usufruit retournera un jour au propriétaire; aurait-on pu être tenté de croire qu'il le gardera à jamais parce qu'il n'a pu le transmettre à un tiers ?... Je réponds que Pomponius ne s'occupant de l'*in jure cessio* de l'usufruit que d'une manière tout-à-fait accidentelle, n'avait pas besoin non plus de nous apprendre que le cédant perdait son droit en voulant le faire passer à un tiers ; quel que soit donc le sens de ce membre de phrase : *sed ad dominium proprietatis reversurum*, il était inutile.

Mais, ajoute M. Pellat : « Si dans la pensée de Pomponius, la cession faite par l'usufruitier à un étranger n'entraîne pas pour lui la perte de son droit, pourquoi cet expédient qu'il indique *(remedii loco)*, afin que *ipsum quidem jus remaneat penes maritum, perceptio vero fructuum ad mulierem pertineat?* S'il n'y a pas de mal, à quoi bon le remède ? » — La réponse est facile : le mari doit restituer la dot ; donc l'inconvénient ne consiste pas en ce que la *cessio in jure* lui ferait perdre son droit, mais uniquement en ce qu'elle est impuissante à en investir la femme, car s'il pouvait transmettre son droit à la femme, même en le perdant, il n'y aurait aucune espèce d'inconvénient. — Donc le remède est destiné à suppléer l'impuissance de l'*in jure cessio* et non pas à mettre le mari à l'abri du prétendu effet dévestitif de cet acte légitime.

Le tuteur légitime délègue, au *tutor cessicius*, qu'on pourrait appeler tuteur-mandataire, l'exercice de la tutelle. Donc il faudra, en cette matière, appliquer les principes du mandat. Par conséquent, toutes les causes qui entraînent l'extinction du mandat, soit qu'elles se produisent dans la personne du mandant ou dans celle du mandataire, devront pareillement entraîner l'extinction de la tutelle cédée ; et si la tutelle cédée a pris fin par l'effet d'une cause d'extinction dans la personne du tuteur-mandataire, la tutelle devra nécessairement faire retour au tuteur légitime. C'est ce qui arrivera lorsque le *tutor cessicius* sera mort, ou qu'il aura encouru la *capitis deminutio*, ou enfin, lorsqu'il aura voulu se débarrasser de la tutelle en la cédant à un tiers. Il est certain, en effet, qu'il n'a pas le pouvoir de se substituer un autre mandataire. Donc, lorsqu'il fait la *cessio in jure* de la tutelle, il ne peut rien transférer au cessionnaire, mais il manifeste clairement l'intention de ne plus remplir le mandat qu'il avait d'abord accepté ; or, dans cette position, il eût été absurde de lui maintenir la tutelle ; il fallait donc, nécessairement, qu'elle fît retour au tuteur légitime. Ce retour, on le voit, s'explique par la nature même des choses et pas du tout par le prétendu effet dévestitif de l'*in jure cessio*. Du reste, pour se convaincre que les principes du mandat doivent régir la matière, il suffit de lire le passage d'Ulpien qui s'y rapporte : *Is cui tutela in jure cessa est, cessicius tutor appellatur : qui sive mortuus fuerit, sive capite minutus, sive alii tutelam porro cesserit, redit ad legitimum tutorem tutela ; sed et si legitimus decesserit, aut capite minutus fuerit, cessicia quoque tutela extinguitur* [1].

[1] XI, § 7 ; Cujas (*ad cod.* lib. 5, tit. 30, *de legitima tutela*), considère la cession de la tutelle comme un véritable mandat, et adopte par conséquent la théorie développée au texte ; mais il va trop loin, comme on va le voir, en appliquant la même idée du mandat à l'*in jure cessio* de l'hérédité.

V. Passons maintenant à l'*in jure cessio* de l'hérédité. On sait que l'héritier testamentaire et l'héritier légitime peuvent, quand ils ont fait adition, céder *in jure* l'*hereditas*[1]. Or, que fait l'héritier lorsque, après avoir fait adition, il cède *in jure* l'hérédité à un tiers ? Peut-il, par ce fait, se libérer à l'égard des créanciers de la succession ? Le bon sens dit que non, et, à ce point de vue, il reste toujours héritier : *Nihilominus heres permanet*[2]. Peut-il avoir transmis à l'acquéreur l'*universitas juris* appelée *hereditas ?* Evidemment non, car une fois acceptée par l'héritier, l'hérédité perd son individualité juridique, et il n'y a plus que des choses individuelles dans le patrimoine de l'héritier. Donc ce dernier n'a pu transmettre à l'acquéreur que *res corporales perinde ac si in jure cessisset*[3]. *Quid* des créances? Il est manifeste qu'elles ne pouvaient passer sur la tête de l'acquéreur; car on sait qu'une créance, ne pouvant être revendiquée, il est impossible qu'on puisse commercer à son sujet au moyen de l'*in jure cessio*[4]; elles devraient donc rester sur la tête du cédant; comment donc se fait-il

[1] V. Ulp. XIX, § 13, 14 : l'héritier légitime peut aussi céder *in jure l'hereditas* à un tiers avant d'avoir fait adition; mais alors il y avait transport complet de la qualité d'héritier avec tous les avantages y attachés, et le cédant devenait tout-à-fait étranger à la succession. Cette hypothèse de l'*in jure cessio* d'une *hereditas legitima nundum adita* fait l'objet de la L. 4, § 28, D. 44, 4 (*de doli except.*). Mais comme les compilateurs ont effacé le mot *in jure* dans ce fragment, quelques auteurs ont cru par erreur pouvoir invoquer la décision qu'il consacre à l'appui de leur théorie sur les effets de la cession des droits de demande ; voy. notamment M. Maynz, *loc. cit.* t. 2, p. 75, § 273, note 20.

[2] *Gai.* II, § 35.

[3] *Gai. ibid.* et III, § 85.

[4] *Gai.* II, § 38 ; mais pourrait-on objecter, dans la question qui nous occupe l'hérédité est traitée comme une *universitas bonorum*, et comme telle elle pouvait être revendiquée en bloc, créances comprises. J'ai déjà répondu par anticipation quand j'ai fait remarquer que l'*adition* faisait perdre à l'hérédité son caractère d'*universitas*.

qu'elles périssent et que les débiteurs se trouvent ainsi libérés, comme le reconnaissent Gaius et Ulpien [1]?

Et d'abord, il faut bien remarquer que cette solution ne s'applique pas à l'hypothèse où l'héritier actionné sérieusement en pétition d'hérédité par un tiers qui se prétend lui-même héritier, a jugé à propos de *cedere in jure ;* alors, en effet, il est censé *confessus in jure* [2]; et comme il n'a plus la qualité d'héritier, il n'est pas tenu envers les créanciers de la succession ; néanmoins, on maintient les effets de la restitution qu'il aurait opérée en faveur d'un fidéi-commissaire; mais les débiteurs héréditaires ne seront pas libérés et pourront être actionnés par le revendiquant. Ce n'est donc que lorsque l'*in jure cessio* est destinée à terminer une contestation imaginaire que *debita pereunt,* et voici comment : cette *in jure cessio* de l'hérédité est une véritable renonciation à tous les droits dérivant de la qualité d'héritier, *abdicatio omnis juris,* dit Cujas [3]. Le cédant renonce à la qualité d'héritier et la transporte à autrui dans la limite du possible ; or, comme les droits de créance ne peuvent être cédés, il s'ensuit qu'ils disparaissent. En effet, par suite de l'*in jure cessio,* le cédant a perdu la qualité d'héritier qui lui permettait d'agir contre les débiteurs ; donc, ces derniers seraient fondés à lui opposer un défaut de qualité ; s'ils étaient actionnés par le cessionnaire, comme celui-ci ne pourrait invoquer d'autre titre que l'*in jure cessio*, les débiteurs le repousseraient encore victorieusement, en lui opposant qu'un droit de demande n'est pas cessible. Le résultat définitif est donc la libération des débiteurs [4]. Et

[1] V. *Gai.* II, § 35 ; III, § 85 ; *Ulp.* XIX, § 14.

[2] L. 6, § 2, D. 42, 2 (*de confessis*).

[3] *Ad leg.* 11, *in tit.* : *De public. in rem act.*

[4] Mais s'il est vrai que l'*in jure cessio hereditatis* soit une véritable *abdication* de la qualité d'héritier, comment cette abdication a-t-elle pu être admise en présence de la règle formulée par Gaius et Paul , que la qualité d'héritier une fois

cette solution ne dérive pas le moins du monde du caractère formaliste de l'*in jure cessio.* Maintenant si l'on demande pourquoi le législateur n'a pas cru devoir apporter des adoucissements ou des restrictions à ces conséquences rigoureuses, je répondrai que c'était inutile et qu'il est toujours dangereux de surcharger la loi de dispositions inutiles. Le cédant, en effet, pouvait très facilement éviter l'extinction des créances; il n'avait qu'à aliéner isolément chaque objet héréditaire, ou bien encore il pouvait se faire rembourser préalablement par les débiteurs ou faire novation avec eux.

VI. Il nous reste encore à examiner, pour terminer notre démonstration, l'hypothèse où un esclave commun à deux propriétaires, a été solennellement affranchi par l'un d'entr'eux seulement, au moyen de la *vindicta*, c'est-à-dire de l'*in jure cessio*, appliquée à la dation de la liberté. Ulpien[2] et Paul[3] nous apprennent, en effet, que lorsqu'un esclave commun a été affranchi par l'un de ses maîtres, il ne devient pas citoyen romain, pas même latin-junien, qu'il demeure, au contraire, esclave, mais que le *manumissor*

acceptée ne peut pas être répudiée (*Gai.* II, § 163; *Paul* III, IV, B, § 11)? — Cette règle était surtout faite en faveur des créanciers héréditaires, ainsi que le démontre la remarque faite par Gaius et Paul, *etiam si damnosa sit.* Elle signifiait que l'héritier ayant fait adition ne pouvait plus se soustraire unilatéralement aux obligations résultant à sa charge de cette adition. Par conséquent à l'égard des créanciers il ne pouvait pas répudier. Mais rien ne l'empêchait d'abandonner ses droits, en vertu du principe que lorsqu'on a un droit mélangé d'obligation, on peut bien abandonner le droit, mais non se soustraire à l'obligation. Il n'est donc pas douteux qu'il perdait son droit, *debita pereunt.* Mais sous le droit des constitutions on admit que l'héritier *quæsitam hereditatem renuntiando nihil agit, sed jus quod habuit retinet* (l. 4, C. 6, 31, *de repud. hered.*); et c'est évidemment dans cet esprit que Justinien a reproduit dans ses *Institutes* le passage précité de Gaius, *Inst.* II, 19, § 5.

[1] *Ulp.* I, § 18.

[2] *Paul*, IV, 12, § 1.

perd sa part de copropriété, laquelle va accroître celle de l'autre propriétaire.

Il importe cependant de remarquer que Paul et Ulpien n'attribuent pas le moins du monde un pareil résultat à la forme employée par l'affranchissement, ils s'expriment, au contraire, d'une manière générale, et déclarent que ce *jus adcrescendi* opère dans tous les cas d'affranchissement solennel fait par un seul maître, d'un esclave commun à plusieurs, et par conséquent, alors même que l'affranchissement aurait lieu par un autre moyen que la *vindicta,* le testament, par exemple. Ce point ne peut pas être contesté; voici, en effet, en quels termes Justinien rappelle, dans ses Institutes, l'ancien droit qu'il a abrogé : *Erat olim et alius modus civilis adquisitionis per jus adcrescendi, quod est tale : si communem servum habens aliquis cum Titio solus libertatem ei imposuit vel vindicta, vel testamento, eo casu pars ejus amittebatur et socio adcrescebat* [1]. La décision donnée par les jurisconsultes était donc commandée, non par la nature spéciale de l'*in jure cessio*, mais par les principes généraux du droit. —Il est certain, en effet, que l'affranchissement ne peut émaner que du propriétaire seul; par conséquent, si j'ai affranchi *vindicta* ou *testamento,* peu importe, l'esclave d'autrui, quand même j'aurais agi de bonne foi, je n'ai pu, par cet acte, porter atteinte aux droits du propriétaire. — De même je ne puis pas, en affranchissant l'esclave, sur lequel je n'ai qu'un droit de copropriété, porter atteinte aux droits de mon copropriétaire. Or, comme il n'est pas possible que l'affranchi soit libre pour partie et esclave pour partie, et qu'il faut

[1] La *disput. forens. de manumiss.* § 10 (12), prévoit la même hypothèse; cependant M. Pellat dans sa publication du fragment de Dositheus a adopté une restitution du texte qui semblerait limiter à l'affranchissement par la *vindicta* la solution donnée par Ulpien et Paul.

respecter les droits du propriétaire, il s'ensuit que l'esclave doit rester tel. Mais comment se fait-il alors que la *vindicta* ou le testament ait pour conséquence d'enrichir le maître le plus rigoureux aux dépens de celui qui était favorable à la liberté? Parce que ce dernier l'a ainsi voulu; il ne pouvait pas ignorer qu'il était impossible de conférer la liberté à un esclave commun sans le concours de l'autre copropriétaire; donc, s'il persiste à l'affranchir, son acte ne peut s'expliquer que par l'intention de faire une libéralité, et le droit d'accroissement reconnu au profit de ce dernier n'est pas plus extraordinaire que le droit d'accroissement reconnu en matière de legs.

Ainsi donc, il est bien démontré que jamais les Romains ne se sont laissés déterminer dans leurs décisions, par le caractère formaliste de l'*in jure cessio.* Sans doute ils ne pouvaient méconnaître la nature juridique de cet acte solennel; ils ne pouvaient pas lui faire produire des effets directement contraires à son essence, l'employer, par exemple, à la constitution de droits réels conditionnels; mais dans la plupart des hypothèses où nous voyons l'*in jure cessio* jouer un rôle, c'est toujours par l'exacte appréciation des rapports juridiques établis entre les parties que doivent être expliquées les solutions diverses données par les jurisconsultes.

§ 6.

I. Théorie de l'*usucapion* et de la *possession*. — Motifs de l'usucapion.
II. De la possession juridique ; — son caractère ; — dualisme de la possession en droit romain.
III. La possession étant *res facti* est intransmissible ; — des accessions de possession.
IV. Autres conséquences de ce caractère de la possession.
V. Suite ; — de la quasi-possession des *jura in re*.
VI. Explication et justification de l'usucapion *pro herede*.
VII. Autres modes civils d'acquisition de la propriété ; — renvoi.

I. Nous avons vu que lorsqu'un citoyen voulait établir le montant de sa fortune officielle, il ne pouvait invoquer que la propriété des choses *mancipi* entrées dans son patrimoine, soit au moyen de la *mancipatio*, soit au moyen de l'*in jure cessio*, ou de tout autre acte juridique (adjudication, legs, etc.) ; mais il ne pouvait se prévaloir de la possession des choses *mancipi* à lui advenues au moyen d'une simple tradition. Nous connaissons le motif de cette disposition ; c'est que la tradition, indépendamment de son caractère équivoque, manquait surtout de publicité. Cependant lorsqu'un citoyen avait possédé une chose *mancipi* au vu et su de tout le monde pendant un certain temps et à titre de propriétaire, il est certain qu'il y avait là une véritable publicité de nature à pouvoir suppléer efficacement celle qui manquait à la tradition. Aussi fut-il admis que les choses *mancipi* acquises par simple tradition, mais qui auraient été tenues et administrées à titre de maître et pendant un certain temps, par un citoyen, entreraient en ligne de compte pour la détermination de sa fortune officielle; que par suite, et à ce point de vue, il en serait considéré comme *dominus ex jure quiritium* [1]. Restreinte à ces effets, l'usucapion n'établissait qu'une simple présomption de propriété, mais ne constituait pas encore un mode d'acquérir proprement dit. Il est certain, en effet, que si le possesseur avait reçu une chose *mancipi à non domino*, il ne pouvait, à l'égard du véritable propriétaire, se prévaloir des effets de l'usucapion. Ce ne fut que plus tard et pour faciliter la preuve de la propriété que l'usucapion fut employée à purger le vice de la possession dérivant d'un *non dominus*, et devint, par conséquent, un véritable moyen d'acquérir. Désormais une possession continuée pendant un certain temps et avec certains caractères, dispensa d'établir d'une autre manière la qualité de propriétaire, et donna le droit d'exercer l'action en revendication. Or comme la revendication peut aussi bien avoir pour objet les choses *mancipi* que les choses *nec mancipi*, il en résulte tout naturellement que l'usucapion constitua dès-lors un mode civil d'acquérir la propriété commun aux choses *mancipi* et aux choses *nec mancipi* [2], à l'exception toutefois des fonds provinciaux qui ne pouvaient être l'objet d'une revendication proprement dite [3].

Ainsi donc, nous devons distinguer deux périodes dans l'histoire de l'usucapion : — pendant la première, cette institution nous apparaît comme le complément nécessaire

[1] Gai. II, 40, 41, 42. — Cela me remet en mémoire que l'art. 2 de l'ordonnance de Moulins (février 1566) porte : Le domaine de nostre couronne est entendu... Celui qui a esté tenu et administré par nos receveurs et officiers par l'espace de dix ans, et est entré en ligne de compte. » Il me semble qu'il n'y a pas une très grande différence dans ces deux procédés; je me borne à cette remarque sans vouloir, en fait d'analogie, aller plus loin qu'il ne conviendrait.

[2] *Gai*, II, § 43.

[3] *Gai*, II, § 46.

du système de Servius Tullius; elle repose sur des considérations purement politiques. Les citoyens romains sont naturellement seuls admis à en profiter; quant aux pérégrins, ils en sont exclus par la nature même des choses, et aucune disposition législative n'était nécessaire pour consacrer un pareil résultat. C'est, par conséquent, à la période suivante que doit être reportée l'apparition de la règle : *Adversus hostem æterna auctoritas.*

Dans cette seconde période, en effet, l'usucapion devint, comme nous l'avons vu, un véritable moyen d'acquérir. — Il ne fut plus question uniquement d'organisation politique; le fait de la possession fut seul pris en considération; et comme les étrangers pouvaient tout au moins, ainsi que nous l'avons établi, posséder valablement; ils auraient pu, ce semble, être fondés à réclamer le bénéfice de l'usucapion. Une disposition formelle était nécessaire pour les empêcher d'usucaper, et voilà pourquoi fut édictée la règle, conservée plus tard par la loi des Douze-Tables : *Adversus hostem æterna auctoritas...*

Quoi qu'il en soit, l'usucapion, qu'elle ait pour effet de transformer en *dominium ex jure quiritium* le simple *dominium in bonis*, ou de rendre propriétaire un possesseur de bonne foi, a toujours pour fondement la possession [1]; il importe donc, pour bien élucider la matière, d'exposer et de justifier la théorie romaine sur la possession.

II. La possession n'est autre chose que l'exercice du droit de propriété; c'est le fait extérieur qui révèle le droit. La possession est donc nécessairement moins ancienne que la propriété [2]. Il est présumable, en effet, que le langage n'a

[1] L. 25, D. 41, 3 *(de usurp. et usucap.)*

[2] Paul semble dire le contraire dans la L. 1, § 1, D. 41, 2 *(de adquir. vel amitt. poss.)*; mais il est certain que dans ce texte *possession* signifie *occupation*.

eu d'abord d'expression que pour caractériser le rapport accidentel et passager de l'homme avec la chose, la *détention*, et puis ce même rapport devenu intentionnellement permanent, *la propriété*. Mais on n'aura pas tardé à remarquer que certains faits de possession se produisaient quelquefois en dehors et en l'absence de la propriété ; que le *droit* résidait chez un individu, et que l'*exercice du droit* se manifestait par le fait d'un autre [1]. De là naissait un nouveau rapport entre la chose et celui qui produisait ainsi les actes extérieurs du droit de propriété sans avoir ce droit lui-même; ce nouveau rapport a pris plus spécialement le nom de *possession*, et c'est sous cette dénomination qu'il a été sanctionné par la loi et qu'il est devenu un élément juridique distinct du droit de propriété.

Si le possesseur lutte contre le propriétaire, il est certain qu'il doit succomber, car le propriétaire a, privativement à tout autre, le *jus possidendi* ; mais s'il lutte contre un tiers qui ne possède pas et qui n'est pas propriétaire, il doit au contraire triompher, car le fait de la possession est éminemment respectable, et l'ordre public exige que les magistrats prennent sa défense [2]. La possession est donc purement et simplement un fait [3] générateur de droit. Il faut remarquer que le droit qui dérive directement et nécessairement du fait de la possession, c'est uniquement le droit aux interdits protecteurs du fait et non le droit à l'usucapion. L'usucapion n'est qu'un effet civil attaché à la possession; et cet effet aurait pu être refusé à la possession, sans que le véritable carac-

[1] ...*Fieri potest, ut alter possessor sit, dominus non sit, alter dominus quidem sit possessor non sit ; fieri potest ut et possessor idem et dominus sit.* Ulp. L. 1, § 2, D. 43, 17 *(uti possidetis)*.

[2] *Certis ex causis prætor aut proconsul principaliter auctoritatem suam finiendis controversiis interponit : quod tum maxime facit cum de possessione aut quasi possessione inter aliquos contenditur.* Gai. IV, § 139.

[3] V. L. 1, § 3, D. 41, 2. *(De adquir. vel amitt. poss.)*.

tère de ce rapport eût été méconnu par le législateur. Il n'y a donc aucune relation nécessaire entre la propriété et la possession, en ce sens du moins que la possession n'est pas nécessairement pour le possesseur l'indice du droit de propriété [1], et ne doit pas nécessairement conduire à la propriété. Il n'est donc pas surprenant que les Romains aient reconnu la qualité de possesseur à des personnes qui ne prétendent pas à la propriété et qui même ne peuvent jamais devenir propriétaires, telles que le créancier gagiste, le précariste, etc. Il n'y a rien d'étrange dans cette doctrine; et quand même elle ne se trouverait pas historiquement justifiée par l'ancienne condition de l'*ager publicus* et la manière dont se constituait le gage, il faudrait reconnaître que la division de la possession juridique en possession *ad interdicta* et en possession *ad usucapionem* ne présente rien qui soit contraire aux données de l'analyse philosophique [2].

Telle est, au point de vue rationnel, l'explication de ce dualisme dans la possession en droit romain; toutefois, il importe aussi de tenir compte des circonstances historiques au milieu desquelles ce dualisme s'est produit. Il faut remarquer, en effet, que le législateur ne crut pas devoir réglementer d'une manière spéciale la protection dont le fait de la possession devait être entouré; les magistrats

[1] *Nihil commune habet proprietas cum possessione*, Ulp. L. 12, D. 41, 2. *(De adquir. vel amitt. poss.)*.

[2] Il résulte de là qu'en Droit romain l'*animus* du possesseur n'est pas nécessairement, comme en Droit français, l'*animus domini*; pour être possesseur juridique, il suffit de détenir une chose *cum animo hanc rem sibi habendi*, avec la volonté de la posséder pour son profit exclusif; cela suffit pour qu'on ait les interdits. Si maintenant on suppose que l'*animus hanc rem sibi habendi* est caractérisé de manière à pouvoir être qualifié d'*animus domini*, alors le possesseur jouira en outre du bénéfice de l'*usucapion*. Cette doctrine rend inutile la théorie de la possession *dérivée* produite par M. de Savigny.

préposés au maintien de l'ordre public avaient des attributions assez étendues pour prendre à cet effet les mesures les plus efficaces; aussi ce fut l'intervention prétorienne qui développa progressivement l'application des règles destinées à mettre la possession à l'abri de toute agression illicite; et la nécessité de protéger la possession de l'*ager publicus*, est, on le sait, considérée par plusieurs comme le point de départ de cette intervention. La théorie de la possession *ad interdicta* appartient donc au *droit prétorien*. Le législateur ne crut donc nécessaire de s'occuper que des points demeurés forcément en dehors de l'action prétorienne; il décida, notamment, que la possession, continuée pendant un certain temps et avec certains caractères produirait l'usucapion, c'est-à-dire la propriété quiritaire; il est clair, en effet, que l'intervention du préteur aurait été impuissante à consacrer un résultat de cette nature; la théorie de la possession *ad usucapionem* appartient donc au droit civil. Nous verrons bientôt que cette double précision est de la plus haute importance pour la solution de certaines difficultés de la matière.

III. Le droit aux interdits et la propriété civile dérivent donc, à des titres divers, du fait de la possession. Mais de ce que la possession constitue un *fait*, il suit qu'elle est complètement intransmissible aux successeurs, soit particuliers, soit universels. La possession, en effet, cesse nécessairement par la mort du possesseur; sans doute le possesseur transmet à son héritier le *jus possidendi*, la faculté de se mettre en possession; mais il est impossible, à moins d'admettre dans le droit une fiction analogue à celle de la *saisine*, de concevoir la transmission de la possession elle-même; et s'il en est ainsi des successeurs universels, à plus forte raison doit-il en être de même à l'égard des successeurs particuliers. Il est donc exact de dire avec Ulpien : *Hereditas in heredem id tantum transfundit quod est hereditatis; non autem fuit possessio hereditatis* [1]. L'héritier, par conséquent, ne trouve dans la succession que le *jus possidendi*, et non pas la possession; il devra se mettre lui-même réellement en possession, et la possession par lui appréhendée ne sera pas la même que celle de son auteur. Ces déductions sont d'une exactitude incontestable; Donneau le reconnaissait quand il écrivait : *Non possessio res est quæ possit in nos transferri, cum sit facto et detinendo posita, facti denique, non juris* [2]. Pothier exprime la même pensée [3]. Enfin M. de Savigny n'hésite pas à déclarer que la théorie romaine est la seule exacte : « D'après son idée originale, dit-il, la possession n'est pas susceptible d'une véritable transmission, c'est-à-dire qu'aucun possesseur ne doit être considéré comme successeur de son auteur, mais comme ayant acquis une nouvelle possession indépendante de celle de son prédécesseur [4]. »

Cependant l'application rigoureuse de cette doctrine pouvait, dans une certaine mesure, blesser l'équité. Le successeur, en effet, recommençant une possession tout-à-fait nouvelle, le temps pendant lequel son auteur avait possédé devenait inutile, et l'usucapion se trouvait retardée. Pour éviter ce résultat, les Romains voulurent que l'héritier pût joindre à sa propre possession la possession de son auteur; telle fut l'origine de l'accession des possessions. Cette accession des possessions n'ayant d'autre base que l'équité pratique était de nature à créer des embarras dans l'application des principes les plus certains du droit; c'est ce qui faisait dire au jurisconsulte Scœvola : *De accessionibus temporum nihil in perpetuum neque generaliter definire possu-*

1 L. 1, § 15, D. 47, 4 (*si is qui test. liber.*).

2 L. 1, col. 1083.

3 *Traité des successions*, chap. 3, sect. 2.

4 *De la possession.* (*Traduct. Faivre d'Audelange*). § 5. p. 24.

mus : *consistunt enim in sola æquitate* [1]. Néanmoins cette impossibilité de mettre l'accession des possessions en parfaite harmonie avec les exigences du droit abstrait n'arrêta pas les Romains; ils n'étaient pas, en effet, assez matérialistes pour méconnaître l'équité au profit de la logique des déductions. L'accession des possessions fut donc admise, d'abord en faveur des successeurs universels, et plus tard en faveur des successeurs particuliers [2]. Mais l'équité n'exigeait pas qu'on allât plus loin, aussi demeura-t-on dans la vérité des principes, en décidant que les héritiers, soit universels, soit à titre particulier, ne pourraient invoquer le bénéfice de l'accession des possessions qu'après avoir réellement appréhendé la possession des choses à eux transmises par leur auteur. La règle était certaine pour les successeurs particuliers [3]. En ce qui touche les successeurs universels, il en est de même : *Cum heredes instituti sumus*, dit Javolenus, *adita hæreditate, omnia quidem jura ad nos transeunt : possessio tamen nisi naturaliter comprehensa ad nos non pertinet* [4].

Cependant, d'après quelques textes, il semblerait, au contraire, que l'héritier n'a pas besoin de se mettre réellement en possession : *Possessio defuncti*, dit Paul, *quasi juncta descendit ad heredem, et plerumque nundum hereditate adita completur* [5], et ailleurs il dit encore : *Vacuum tempus quod ante aditam hereditatem, vel post aditam intercessit, ad usucapionem herede procedit* [6]. Les romanistes les plus

[1] L. 14, pr. D. 44, 3 (*de diversis temp. prescript.*).

[2] L. 14, § 1, D. 44, 3 (*de diversis temp. prescript.*), *Inst. Just.* lib. 2, tit. 6, § 12 et 13.

[3] L. 16, D. 44, 3 (*de diversis temp. prescript.*); L. 13, § 12, D. 41, 2 (*de adquir. vel amitt. poss.*).

[4] L. 23, pr. D. 41, 2 (*de adquir. vel amitt. poss.*).

[5] L. 30, pr. D. 4, 6. (*Ex quib. causis maj.*).

[6] L. 31, § 5, D. 41, 3 (*de usurpat. et usuc.*). Voy. encore, L. 40, D. *ibid.*

autorisés sont généralement d'accord pour concilier ces prétendues antinomies de la manière suivante : les textes qui exigent une prise de possession réelle de la part du successeur, sont tous afférents à la *possessio ad interdicta*, ceux au contraire qui n'exigent pas le contact corporel se rapportent uniquement à la *possessio ad usucapionem*, de sorte que, en définitive, la théorie romaine, sur ce point, se réduirait à ceci : En principe, la possession est toujours intransmissible aux successeurs ; cependant on a dérogé à cette règle en faveur des successeurs universels, mais seulement quand il s'agit de la possession *ad usucapionem*. La justesse de cette conciliation me paraît résulter avec évidence de la L. 30, § 5, D. 41, 2 *(de adquir. vel amitt. poss.)* où nous lisons : *Quod per colonum possideo heres meus nisi ipse nactus possessionem non poterit possidere, retinere enim animo possessionem possumus, apisci non possumus ;* jusqu'ici il s'agit évidemment de la *possessio ad interdicta*, ainsi que le prouve la suite, où il est au contraire question de la *possessio ad usucapionem*, car le jurisconsulte continue en ces termes : *Sed quod pro emptore possideo per colonum etiam usucapit heres meus.* — Ainsi donc, lorsqu'il s'agissait de la possession *ad interdicta*, le contact matériel était nécessaire ; il ne l'était pas, au contraire, quand il s'agissait de la possession *ad usucapionem ;* quel pouvait être le motif de cette différence ? Nous l'avons déjà fait pressentir : la possession *ad interdicta* dérive du droit prétorien ; or, le préteur n'accorde sa protection qu'au fait de la possession qu'il importe de faire respecter ; le préteur ne se croyait pas obligé d'intervenir pour protéger l'héritier qui n'avait pas encore pris possession. Quant à la possession *ad usucapionem*, la situation n'était plus la même ; l'héritier fesait revivre, en quelque sorte, les droits du défunt en les continuant, et notamment le droit à l'usucapion ; la prise réelle de possession ne paraissait pas aussi indispensable, et le droit civil, plus puissant que le droit prétorien, et ayant une sphère d'action beaucoup plus étendue, pouvait avec autorité consacrer cette dérogation légitime à la rigueur des principes [1].

Les développements qui précèdent nous permettent donc d'affirmer que la doctrine romaine, sur l'acquisition par l'héritier de la possession des choses héréditaires, soit au point de vue de l'usucapion, soit au point de vue du droit aux interdits, est fondée sur une notion exacte de la nature de la possession. Il est vrai que les législateurs modernes n'ont pas accepté cette doctrine; et ils ont déclaré que la possession était de plein droit, et réellement transmise du *de cujus* à l'héritier; mais sans vouloir critiquer leur œuvre, sans vouloir les accuser, comme on l'a fait, d'avoir commis en cela une grave inconséquence, il me restera toujours à dire, qu'ils n'ont pu décréter la transmissibilité de la possession, qu'à l'aide d'une fiction, en consacrant la théorie de la *saisine*, c'est-à-dire en se mettant en-dehors de la réalité. Qu'on n'accuse donc pas les Romains d'avoir, en cette matière, sacrifié le fond à la forme et le droit au fait.

IV. De ce que la possession nous apparaît principalement comme *res facti*, il suit que l'interpellation judiciaire, n'ayant aucune influence sur la continuité de la possession, ne saurait avoir pour effet d'interrompre le cours de l'usucapion: *Non interpellatur usucapio litis contestatione* [2].

[1] J'ai entendu donner cette explication par M. Massol, professeur de Droit romain à la Faculté de Toulouse.

[2] *Si rem alienam emero, et cum usucaperem, eamdem rem dominus a me petierit, non interpellari usucapionem meam litis contestatione,... ait Julianus... eaque sententia vera est*; Paul, L. 2, § 21, D. 41, 4 (*pro emptore*); — *Si is qui alienam rem donaverit, revocare constituerit donationem, etiam si judicium ediderit remque cœperit vindicare, curret usucapio.* Marcellus, L. 2, D. 41, 6 (*pro donato*); — De là résulte la *cautio de persequendo servo qui in fuga est restituen-*

Par conséquent, dans l'usucapion proprement dite, il n'y a de possible que l'interruption naturelle affectant directement la possession : l'interruption civile ne peut se concevoir qu'à l'égard de la *possessio longi temporis,* ou de l'usucapion transformée par Justinien. Ceci nous conduit à remarquer que l'interruption naturelle peut résulter de tout acte interruptif de possession, quand même la portée de cet acte serait inconnue de celui qui était *in conditione usucapiendi* [1], tandis que l'interruption civile, au contraire, ne peut résulter que d'un acte par lequel le possesseur a été directement et personnellement interpellé [2].

La circonstance que la possession constitue non seulement *un droit,* mais tout d'abord *un fait,* nous permettra encore de justifier certaines autres solutions admises par les Romains, et qui ont été l'objet de critiques imméritées. Ainsi, par exemple, on sait que les donations entre époux étaient radicalement nulles avant Septime-Sévère et Antonin-Caracalla. Qu'arrivera-t-il cependant si le mari a fait tradition à sa femme d'un immeuble *donationis causâ?* Il est certain que la possession aura été valablement transmise à la femme [3]. La femme pourra donc recourir aux interdits.

dove pretio, INST. JUST. III, XVIII, § 1 ; et la *cautio de dolo, ibid.* voy. L. 18, D. 6, 1 (*de rei vind.*) et le commentaire de M. Pellat, p. 194.

[1] « *Si rem alienam bona fide emeris et mihi pignori dederis, ac precario rogaveris, deinde me dominus heredem instituerit, desinit pignus esse : et sola precarii rogatio supererit ; idcirco usucapio tua interpellabitur.* JULIAN. L. 29, D. 13, 7 (*de pignerat. act.*). *Add.* L. 33, § 5, D. 41, 3 (*de usurp. et usuc.*). — La même solution pourrait être admise en droit français, si l'on suppose une constitution d'antichrèse par un possesseur de bonne foi au profit d'un créancier qui devient héritier du véritable propriétaire.

[2] La disposition finale de l'art. 2180 C. N. est une application de ce principe.

[3] *Si vir uxori cedat possessione, donationis causâ, plerique putant possidere eam : quoniam res facti infirmari jure civili non potest...* PAUL. L. 1, § 4, D. 41, 2 (*de adquir. vel amitt. poss.*).

Pourrait-elle usucaper? Evidemment non, si le mari a donné sa propre chose, ou la chose d'autrui qu'il était en voie d'usucaper, car, dans les deux cas, il aurait appauvri son patrimoine; rien, au contraire, ne s'opposera à ce que la femme puisse usucaper si le mari ne s'est pas appauvri en donnant la chose d'autrui, c'est-à-dire s'il a donné une chose qu'il ne pouvait pas usucaper, parce qu'il savait qu'elle appartenait à autrui[1]. Mais alors à quel titre usucapera la femme? Si elle savait que la chose n'appartenait pas à son conjoint, elle est de mauvaise foi et ne pourra pas usucaper. Il faut donc, nécessairement, admettre qu'elle a cru son mari propriétaire; mais alors il semble que le juste titre lui fera défaut, puisqu'elle possède dans des circonstances qui à ses yeux doivent constituer une donation prohibée. Cependant le fait de la possession est plus fort; ce n'est pas uniquement *pro donato* qu'elle possède, mais surtout *pro suo*[2]. Dans cette position, elle se trouve avoir, bien qu'elle l'ignore, un juste titre à raison de l'absence des conditions voulues pour que la donation soit interdite. La doctrine des jurisconsultes romains était donc que l'existence d'un juste titre, même inconnu du possesseur, pouvait fonder l'usucapion. M. Machelard improuve cette décision. « Le bénéfice de l'usucapion ne lui semble, pour être équitable, devoir être accordé qu'à ceux qui ont fait loyalement tout ce qui est nécessaire ordinairement pour devenir propriétaire, et qui, par une erreur excusable, ont ignoré l'obstacle qui empêchait l'acquisition de se réaliser. Or, en partant de cette idée, qu'ici la femme regardait son mari comme propriétaire, et par suite qu'elle savait contrevenir à la loi, est-elle digne qu'on lui sacrifie les droits de

[1] L. 3, D. 41, 6 (*pro donato*).

[2] *Item donata, vel legata, vel pro donato, vel pro legato, etiam pro suo possideo.* Ulpianus. L. 1, pr. D. 41, 10 (*pro suo*).

l'ancien propriétaire, pour l'investir d'une propriété à laquelle elle ne devait pas aspirer [1] ? » On peut répondre à cela que si la chose, au lieu d'être donnée à la femme, avait été donnée à un tiers de bonne foi, rien n'aurait empêché l'usucapion, et qu'il n'y avait pas de motif pour traiter mieux l'ancien propriétaire dans notre hypothèse, alors surtout que le donateur, ayant nécessairement cessé de posséder par dol, restait toujours passible de l'*actio in rem* ou de l'*actio in factum* [2]. Quant à l'objection tirée de ce que la femme savait contrevenir à la loi, je ferai remarquer qu'à l'égard d'une contravention semblable : *Sane non amare, nec tanquam inter infestos jus prohibitæ donationis tractandum est* [3].

Enfin, de ce que la possession est *res facti*, il suit encore que la fiction du *jus postliminii* ne pouvait trouver d'application en matière d'usucapion, car les Romains avaient pour habitude de respecter la réalité, même dans les fictions que leur imposaient les nécessités de la pratique [4].

V. Les Romains, après avoir constaté que la possession était *res facti,* ont fait dériver de ce principe les conséquences légitimes qu'il contenait, et jusqu'ici nous n'avons pas vu qu'ils se soient laissés entraîner trop loin dans cette voie. — Cependant ne pourrait-on pas leur reprocher d'avoir trop matérialisé la possession en la restreignant aux

1 *Textes de Droit romain*, p. 226, note 1.

2 L. 1, D. 4, 7 (*de alien. jud. mut. causâ*); L. 27, § 3, D. 6, 1 (*De rei vind.*).

3 L. 28, § 2, D. 24, 1 (*De donat. inter vir. et uxor.*).

4 *Is autem qui apud hostes est, nihil per usum sibi adquirere potest, nec cœptam possessionem poterit implere, dum est apud hostes : hoc amplius nec postliminio reversus recuperabit per usum dominii adquisitionem.* Ulpien, L. 23, § 1, D. 4, 6. (*Ex quibus causis majores*) ; *possessio autem plurimum facti habet, causa vero facti non continetur postliminio ;* — Papinien, L. 19, D. *ibid.*

choses corporelles [1], et d'avoir ainsi été conduits à méconnaître son véritable caractère, qui est d'être purement et simplement l'*exercice d'un droit?* — Pourquoi, en effet, n'ont-ils pas reconnu que l'exercice des droits réels, de même que l'exercice du droit réel type, la propriété, constituait une véritable possession de ces droits? — Pourquoi n'ont-ils considéré ces droits que comme susceptibles d'une possession imparfaite, d'une *quasi-possession?* — Et d'abord, en admettant la complète exactitude de cette idée que l'exercice d'un droit constitue, en général, la possession de ce droit, il est certain que les Romains ne l'ont pas méconnue; c'est, en effet, sur cette idée que fut établie, dans le principe, l'usucapion des servitudes, prohibée plus tard par la loi *Scribonia* [2]. Aussi les jurisconsultes emploient-ils quelquesfois, sans hésiter, des expressions qui rappellent cette théorie primitivement admise [3].

Néanmoins, il faut bien reconnaître qu'il y a une grande différence entre la possession des choses corporelles et la possession d'un droit. L'idée de possession, appliquée aux choses corporelles, implique forcément la sujétion à notre puissance exclusive de la chose, objet du droit de possession, et c'est dans la réalisation de cette sujétion que consiste l'exercice de ce droit. Il n'en est pas de même pour les servitudes: ce n'est pas sur la chose que porte l'affirmation du sujet, c'est sur le *jus in re* considéré d'une

[1] *Possideri autem possunt quæ sunt corporalia*; PAUL, L. 3, D. 41, 2 (*De adquir. vel amit. poss.*); *incorporales res traditionem et usucapionem non recipere manifestum est;* GAIUS, L. 43, § 1, D. 41, 1 (*De adquir. vel amitt. rerum domin.*).

[2] L. 4. § 29, D. 41, 3 (*de usurp. et usuc.*).

[3] *Jus possedit*; ULPIEN, L. 2, D. 8. 4 (*comm. præd.*); *jus fundi possedisse oportet;* CELSUS, L. 7, D. 43, 19 (*de itinere actuque priv.*); *qui possessionem vel corporis vel juris adeptus est;* ULPIEN, L. 2, § 3, D. 43, 26 (*De precario*).

manière abstraite ; or, il n'est pas possible de concevoir ce *jus in re* comme soumis à notre puissance ; il n'est donc pas rigoureusement exact de prétendre qu'on le possède dans le même sens qu'une chose corporelle. Mais, dira-t-on, on l'exerce, donc on le possède..... Si l'on veut s'en tenir uniquement à l'exercice du droit, on sera conduit à reconnaître qu'un droit de créance est, à raison de son exercice, susceptible de possession, et par voie de conséquence, d'usucapion et de revendication : ce qui est manifestement faux [1]. — La véritable règle n'est pas celle qui consiste à dire que l'*exercice d'un droit constitue*, *en général*, *la possession de ce droit*, mais bien celle qui serait formulée de la manière suivante : *ne sont susceptibles de possession que les droits survivant à leur exercice* ; — de la sorte on exclut les créances et il reste uniquement les autres droits incorporels et les objets corporels. Or, comme je viens de le démontrer, la possession des objets corporels contient une idée de puissance qui ne se retrouve pas dans la possession des droits incorporels ; donc il faut louer les Romains d'avoir appelé cette dernière *quasi-possessio*, et de ne l'avoir protégée que par des interdits *utiles* ; — ils ont ainsi mis le langage en harmonie avec la réalité des choses.

VI. Les développements qui précèdent me paraissent plus que suffisants pour démontrer que la théorie romaine sur la possession et l'usucapion n'est pas dominée, comme on l'a dit, par des tendances purement matérialistes. Mais on lui fait encore d'autres reproches, et à propos de l'*usucapio pro herede*, de cette usucapion lucrative que Gaius n'hésitait pas

[1] Quelques auteurs allemands ont cependant soutenu qu'il y a possibilité d'établir un droit de créance par usucapion. Ils invoquent la L. 6, D. 22, 1 (*de usuris*), et la L. 1, C. 6, 42 (*de fideicommissis*) ; mais ces textes signifient seulement que la prestation pendant un long temps d'une somme à titre d'intérêts pourra être invoquée par le créancier comme preuve ou présomption de la légitimité du droit de créance dont il se prétend investi.

à qualifier d'*improba*, on s'est efforcé de mettre en relief l'*âpreté* et la *rudesse* du vieux droit des Romains.

Ce qui paraît odieux dans l'usucapion *pro herede*, c'est qu'elle sacrifiait les droits de l'héritier au profit d'un *prædo*, d'un possesseur de mauvaise foi. Mais il est manifeste que ce n'était pas dans le but d'enrichir ce dernier que l'héritier négligent était aussi sévèrement traité. L'*usucapio pro herede* était, comme nous le verrons, la conséquence toute naturelle, et j'oserais même dire légitime, de principes juridiques incontestables ; ce n'était que par accident qu'il pouvait en résulter une véritable iniquité ; et on se tromperait grandement si l'on croyait que la législation romaine seule présente des situations qui rendent nécessaire le sacrifice des droits privés. Il en est ainsi dans toutes les législations ; on connaît les motifs qui ont fait admettre la prescription quinquennale pour les arrérages de capitaux, et personne n'oserait accuser l'art. 2277 du code Napoléon d'avoir consacré une iniquité ; j'en dirai autant des lois de finance qui ont prononcé une déchéance impitoyable contre les créanciers de l'Etat, en retard de produire leurs titres. « Le principe de droit public qui permet d'imposer aux créanciers de l'Etat un délai pour présenter et soutenir leurs réclamations, dit M. Dufour, se justifie par des raisons d'intérêt général de l'ordre le plus élevé. Aussi, n'est-ce pas le principe, mais l'abus qu'on en a fait, qui a laissé de fâcheux souvenirs [1]. » Il en fût de même pour l'*usucapio pro herede ;* et c'est l'abus qu'on en fit, mais non le principe qui lui servait de base que Gaius entendait flétrir par l'épithète d'*improba*.

Il me suffira, du reste, de tracer le développement historique de cette institution, pour démontrer qu'elle ne présentait rien d'étrange ni d'extraordinaire.

[1] *Traité de droit administratif*, t. IV, p. 647, n° 612.

Nous avons vu que dans le principe l'héritier légitime pouvait vendre l'hérédité *nondum adita* considérée comme *universitas juris*, et même la transporter réellement sur la tête d'un tiers au moyen de l'*in jure cessio* [1]. Donc si cette aliénation, au lieu d'être consentie par le véritable héritier émanait d'un héritier apparent, l'acquéreur, s'il était de bonne foi, pouvait usucaper l'hérédité elle-même conformément aux principes généraux, du moins avant que la loi *Scribonia* eût rendu impossible l'usucapion des choses incorporelles. Mais, dans ce cas, l'usucapion n'était ni *lucrativa* ni *improba*.

Voyons maintenant quel était le sort, non pas de l'hérédité, considérée comme *universitas*, mais des choses individuelles dépendant de l'hérédité. De deux choses, l'une : ou bien l'hérédité avait été appréhendée par un héritier (apparent ou véritable, peu importe), ou bien elle avait été abandonnée. Dans le premier cas, il n'y avait pas de difficulté, celui qui s'était produit comme héritier pouvait seul en disposer. Dans le second cas, les objets héréditaires étaient nécessairement considérés comme *res nullius* [2], et par conséquent, pouvaient être attribuées au premier occupant, car on n'avait pas encore songé à attribuer à l'Etat les biens abandonnés. Mais le premier occupant pouvait-il en devenir immédiatement propriétaire par occupation ? Evidemment non, car le véritable héritier pouvait apparaître à chaque instant, et triompher contre lui en exerçant l'action en pétition d'hérédité. On sait en effet que l'héritier n'était pas tenu, du moins en principe, de faire adition dans un délai déterminé. D'un autre côté, en l'absence d'un *successor per universitatem*, les créances comme les dettes du défunt s'évanouissaient. Par conséquent, autant pour

[1] *Gai.* II, § 35; III, § 85 ; *Ulp.* XIX, § 14.

[2] Voy. Maynz, *loc. cit.*, t. I, p. 476, § 196.

éviter ce dernier résultat que pour empêcher l'instabilité de la propriété, *Ne rerum dominia diutius in incerto essent*, il fallut nécessairement permettre au premier occupant de devenir propriétaire, par usucapion, mais à la charge de continuer les obligations du défunt ; et c'est ici que nous devons admirer le génie pratique des vieux Romains. Ils profitèrent de la situation que je viens de décrire pour créer un mode de représentation légale de l'hérédité vacante. Chez nous, en pareil cas, on fait nommer un curateur ; chez les Romains, le curateur aux biens vacants n'était pas inconnu, plusieurs textes en font foi ; mais cette curatelle spéciale ne fonctionnait pas comme institution permanente et régulière ; aussi celui qui s'était emparé de la majeure partie des biens de la succession fut-il tenu de continuer les *sacra privata* du défunt et de satisfaire les créanciers héréditaires [1]. On trouva ainsi le moyen de remplacer autant que possible le *successor per universitatem* qui avait fait défaut, et tous les intérêts étaient satisfaits, aussi bien les intérêts religieux que les intérêts particuliers des créanciers de la succession. Quant à l'héritier, il se trouvait dans la position de tout homme qui a laissé usucaper sa chose par un tiers. Le possesseur, quoique de mauvaise foi, avait donc pu réellement usucaper l'hérédité, *hereditas ipsa*, en détenant la chose héréditaire, et comme la loi des Douze-Tables s'était bornée à exiger deux ans de possession pour l'usucapion des immeubles et un an pour les *autres choses* en général, on admit que l'*usucapio pro herede* produirait son effet par une possession d'un an, puisque l'*hérédité*, chose incorporelle, ne constituant pas un immeuble, rentrait dans l'énumération générale des *autres choses* [2]. Cette remarque n'est pas sans importance, car il est permis d'en conclure

[1] Voy. sur ce point Marezoll, *Droit privé des Romains*, § 232, p. 599.
[2] *Gai*. II, § 54, 55.

que l'usucapion *pro herede* n'a fait son apparition dans le droit que postérieurement à la loi des Douze-Tables; qu'elle n'a été réglementée par aucune disposition législative spéciale et qu'elle s'est peu à peu développée, comme nous venons de le voir, par l'application logique des principes généraux.

Telle était probablement la condition de l'usucapion *pro herede* quand fut promulguée la loi *Scribonia* dont la date est en général reportée en l'année 720 de la fondation de Rome. Tout ce qu'on sait de cette loi, c'est qu'elle avait pour objet d'abolir l'usucapion des servitudes [1]; je crois qu'il n'est pas difficile de pénétrer les motifs qui la rendirent nécessaire. L'application du prétendu principe, qu'exercer un droit c'est le posséder, et que par voie de conséquence, les droits incorporels sont susceptibles de possession ou d'usucapion, dut entraîner les inconvénients les plus graves pour l'agriculture et même pour les bâtiments. Nous avons reconnu, il est vrai, que l'usucapion ne dut s'appliquer probablement que d'une manière assez restreinte aux servitudes rurales, non susceptibles de possession continue; cependant, par l'effet naturel d'une semblable doctrine, la propriété dut nécessairement être gênée outre mesure par une foule de droits équivoques dérivant d'un long exercice, et c'est quand une analyse plus exacte fit reconnaître que toutes les servitudes ne sont pas également susceptibles d'une possession continue, et même d'une véritable possession, que, dans l'intérêt de la propriété, on voulut arrêter le mal en décrétant que désormais l'usucapion serait impuissante pour la constitution des servitudes. La loi *Scribonia* partait donc de ce principe que les choses incorporelles n'étant pas susceptibles d'une possession proprement dite ne pouvaient pas être usucapées. Dès-lors, l'usucapion *pro*

[1] L. 4, § 29, D. 41, 3 (*de l'usurp. et usuc.*)

herede de l'*ipsa hereditas* ne parut plus possible; et de même qu'il n'y avait pas eu de disposition spéciale pour l'autoriser, de même il ne fut pas besoin d'un acte législatif pour la défendre; l'application des principes généraux l'avait fait admettre, l'application des mêmes principes mieux définis la fit disparaître, et voilà pourquoi, après avoir dit : *Olim rerum hereditariarum possessione velut ipsæ hereditates usucapi* CREDEBANTUR, Gaius ajoute un peu plus bas : *postea* CREDITUM EST *ipsas hereditates usucapi non posse* [1]. Par conséquent, à partir de la promulgation de la loi *Scribonia,* il n'y eut de possible que l'usucapion des *corpora.*

Moins d'un demi siècle après, la loi *Julia* et *Papia Poppæa* attribua à l'Etat les biens dépendants des successions vacantes, mais seulement quand il était certain qu'il n'y avait pas d'héritier, ou lorsque l'héritier existant avait renoncé [2]. Mais s'il y avait un héritier n'ayant pas encore renoncé ou s'il était incertain qu'il n'y eût pas d'héritier, alors comme l'Etat ne pouvait s'emparer de la succession, on conserva pour le premier occupant la faculté d'appréhender les *corpora* et de les usucaper. Mais comment se fait-il que, malgré l'impossibilité d'usucaper l'*ipsam hereditatem, tamen in omnibus rebus hereditariis, etiam quæ solo teneantur, annua usucapio remansit* [3]? Cette faveur accordée au possesseur tenait probablement à ce qu'il ne pouvait faire siens les *corpora* qu'à la charge de satisfaire les créanciers de la succession; c'était donc en réalité dans l'intérêt de ces derniers qu'on avait décidé que l'usucapion des *corpora* s'accomplirait par une année de possession, même pour les immeubles. Ainsi donc, le possesseur qui venait de

1 *Gai.* II, § 54.

2 *Intestati datur bonorum possessio per septem gradus..... Et si nemo sit ad quem bonorum possessio pertinere possit, aut sit quidem, sed jus suum omiserit, populo bona deferuntur ex lege Julia caducaria.* Ulp. XX, VIII, 7.

3 *Gai.* II, § 54.

s'emparer des biens d'une succession *nondum adita* pouvait réaliser un bénéfice, si la valeur des biens n'était pas absorbée par les dettes héréditaires ; en ce sens, l'*usucapio* était *lucrativa;* elle l'était encore en ce sens que le possesseur savait que la chose ne lui appartenait pas au moment où il l'appréhendait, *nam sciens quisque rem alienam lucrifacit* [1] ; cette circonstance suffisait pour que le possesseur pût être qualifié *possesseur de mauvaise foi;* mais il ne faudrait pas entendre ceci autrement que ne l'entendaient les Romains ; pour eux la mauvaise foi, en cette matière, résultait uniquement de ce que le possesseur savait que la chose appartenait à autrui ; aussi la qualification de *male fidei possessor* ne devait pas être nécessairement prise en trop mauvaise part, et quelquefois même l'équité exigeait qu'un possesseur de mauvaise foi, dans le sens que nous venons d'indiquer, fût admis à usucaper [2]. Mais il pouvait arriver qu'il n'y eût pas de dettes héréditaires, et que l'héritier appelé à l'hérédité fût jusqu'à un certain point excusable d'avoir retardé son adition. Dans cette hypothèse, qui ne devait pas se présenter souvent quand la succession était opulente, il y avait réellement injustice à faire perdre à l'héritier les *corpora* usucapés par un étranger. Le bénéfice réalisé par ce dernier n'était alors légitimé par aucun service rendu, puisque je suppose qu'il n'y avait pas de créancier ; aussi l'usucapion dans ce cas était réellement *improba*. Mais, je le répète, ce ne fut que l'abus de l'usucapion que Gaius entendait caractériser par cette expression. D'ailleurs, cet abus ne dura pas longtemps ; un sénatus-consulte rendu sur la proposition d'Adrien, et qui n'est autre probablement que le sénatus-consulte Juventien [3],

[1] *Gai.* II, § 56.

[2] Voy. L. 28, D. 9, 4 (*de noxal. act.*

[3] J'ai été heureux de retrouver cet aperçu développé par mon savant collègue.

décida qu'à l'avenir *tales usucapiones revocarentur*[1]. Dès-lors l'usucapion *pro herede* cessa d'être *lucrativa*, mais seulement à l'égard de l'héritier vis-à-vis de qui elle fut comme non avenue, car elle continua de produire ses effets à l'égard des tiers, et le possessenr put valablement agir contre eux, soit par l'action en revendication, soit par l'action publicienne. Après avoir mentionné l'innovation résultant du sénatus-consulte Juventien, Gaius ajoute : *Et necessario tamen herede extante ipso jure, pro herede usucapi potest.* Les auteurs paraissent admettre sans difficulté qu'il résulte de ce texte que le sénatus-consulte aurait maintenu dans toute sa rigueur l'usucapion *pro herede* quand l'héritier était nécessaire, parce que, étant investi de plein droit des biens héréditaires, il était plus coupable que tout autre de les abandonner[2]. Cette explication me paraît inadmissible, et voici celle que je propose : Avant le sénatus-consulte, la question de savoir si l'usucapion *pro herede* pouvait avoir lieu quand l'héritier était nécessaire, pouvait faire doute, attendu que cet héritier, n'ayant pas besoin de faire *adition*, la chose héréditaire ne pouvait pas être considérée comme *res nullius*. Après le sénatus-consulte, la même raison de douter existait pour les effets possibles de l'usucapion *pro herede* à l'égard des tiers. Il est infiniment probable, en effet, que la révocation de l'usucapion, au regard de l'héritier, résultait, non pas d'une disposition formelle, insérée dans le sénatus-consulte, mais de toute l'économie de cet important document. Donc, la controverse qui était possible avant le sénatus-consulte, le fut encore après sa promulgation, quoiqu'elle fût devenue sans

M. Bufnoir, professeur agrégé à la faculté de Paris, dans sa thèse pour le doctorat ayant pour titre : *Etude sur le sénatus-consulte Juventianum.*

[1] *Gai.* II, § 57.

[2] Voy. notamment ETIENNE, *Institutes*, t. 1, p. 286, n° 2.

intérêt à l'égard de l'héritier ; voilà pourquoi Gaius termine les renseignements qu'il nous donne sur la matière, en faisant mention de la solution admise sur ce point à l'époque où il écrivait. Mais comme cette solution ne résultait d'aucune disposition législative formelle, la jurisprudence varia, et au temps de Dioclétien l'opinion contraire avait prévalu : *Nihil pro herede posse usucapi, suis heredibus existentibus, magis obtinuit*, porte un rescrit de ce prince [1]. Or, si les effets de l'usucapion *pro herede* avaient été réservés à l'égard de l'héritier nécessaire, cette réserve n'aurait pu résulter que d'une disposition formelle du *sénatus-consulte*, et s'il y avait eu une réserve formelle sur ce point, Dioclétien n'aurait pas pu dire *magis obtinuit*. Maintenant, si l'on demande quelle peut être la valeur et la signification du rescrit de Dioclétien, à l'époque de Justinien, et pourquoi il a été inséré au Code, je n'hésiterai pas à reconnaître qu'il est impossible de le savoir, et pour ma part je ne serai pas éloigné d'attribuer à une méprise des rédacteurs son insertion au code de Justinien.

Si la véritable signification de l'usucapion *pro herede* est bien celle que je viens d'indiquer, toutes les accusations dont le vieux droit romain a été l'objet sur ce point tombent d'elles-mêmes, et leur peu de légitimité apparaîtra encore avec plus d'évidence si l'on veut bien réfléchir qu'en réalité l'usucapion *pro herede* existe encore, et que si de nos jours un *prœdo* s'empare d'un bien héréditaire, après trente ans de possession, il en sera devenu propriétaire à *l'égard de tous* [2], sans qu'on puisse lui opposer l'exception tirée de la mauvaise foi. Donc, ce qui paraissait étrange à Rome, ce n'était pas la conséquence de l'usucapion *pro herede*, mais

[1] L. 2, C. 7, 29 (*de usuc. pro herede*).

[2] Il faut remarquer qu'une possession, pour si longue qu'elle fût, ne put jamais, vis-à-vis du véritable héritier, conduire à la propriété à partir du sénatus-consulte Juventien. La législation moderne est plus *âpre* à ce point de vue.

uniquement que cette conséquence se produisît après un an de possession et non pas après un temps plus considérable. — La critique ne porte donc, en réalité, que sur une question de délai, mais aussi elle ne s'arrête pas à l'usucapion *pro herede*, elle s'attaque aussi au délai de l'usucapion ordinaire. — On fait remarquer, à ce propos, que ce qui légitime la prescription acquisitive, c'est la présomption résultant d'une longue possession, et que le législateur ne saurait, sans porter atteinte au droit de propriété, restreindre outre mesure la durée de cette même possession, et qu'il est monstrueux de sacrifier les droits du propriétaire après un an pour les meubles, et deux ans pour les immeubles. — La justesse de cette observation ne sera contestée par personne, et j'avoue que le délai de l'usucapion romaine devrait être aujourd'hui considéré comme illusoire. Mais le temps, quoique invariable en lui-même, n'a pas cependant la même valeur chez tous les peuples et à toutes les époques, et je ne comprends pas que l'on s'obstine toujours à vouloir appliquer aux sociétés antiques les points de vue des sociétés modernes. Les vieux Romains avaient cru qu'un an ou deux ans étaient bien suffisants au propriétaire pour revendiquer sa chose, et, en conséquence, ils décrétèrent que l'usucapion s'accomplirait après ce délai : *Cum sufficeret domino ad inquirendam rem suam anni aut biennii spatium, quod tempus ad usucapionem possessori tributum est* [1]; nous n'avons pas le droit de le trouver mauvais, seulement nous pourrons dire comme Justinien : *Nobis melior sententia sedit, ne domini maturius suis rebus defraudentur* [2], et exiger par voie de suite une possession plus longue pour les immeubles, sauf à supprimer, par une singulière inconséquence, toute condition de temps pour l'usucapion des meubles. Mais,

1 *Gai.* II, § 44.
2 *Inst. Just. lib.* II, t. 6, pr.

chez un peuple essentiellement agriculteur, et par conséquent avare comme l'était le peuple romain, un an ou deux ans suffisaient pour qu'un propriétaire dépossédé fît valoir ses droits. — Les quirites, en effet, cultivaient eux-mêmes leurs terres, le soin des affaires publiques ne leur faisait pas perdre de vue leurs intérêts particuliers, et quand je me rappelle que Cincinnatus conduisait sa charrue lorsqu'on vint lui offrir la dictature, je ne puis m'empêcher de penser que le vieux romain devait veiller à l'intégrité de son champ avec autant d'énergie qu'à la défense de la république, et qu'il n'attendait pas deux ans pour appeler l'usurpateur devant la *hasta centumviralis.* D'ailleurs, les rares inconvénients qui pouvaient parfois résulter du court délai de l'usucapion en général, et de l'usucapion *pro herede* en particulier, étaient singulièrement atténués dans la pratique; on sait, en effet, qu'une action rescisoire, que plusieurs commentateurs ont cru pouvoir appeler *Publicienne rescisoire,* était accordée à celui qu'une absence motivée par un service public ou par toute autre raison plausible avait empêché d'exercer sa revendication en temps utile, et il n'est pas douteux que ce remède prétorien n'entraînât la rescision de l'usucapion *pro herede,* comme de toute autre usucapion.

VII. Après avoir exposé la théorie de la mancipation, de la tradition, de l'*in jure cessio* et de l'usucapion, il me reste encore à parler des autres modes d'acquérir la propriété; mais, si je ne veux pas m'écarter du point de vue spécial que j'ai adopté, j'aurai peu de chose à dire à leur sujet. Qu'est-il besoin, en effet, de justifier du reproche de formalisme, l'*emptio sub corona* et la *bonorum sectio* ou *subhastatio*? Q'importe que dans l'*emptio sub corona* les prisonniers de guerre fussent publiquement exposés en vente, ceints d'une couronne, et que dans la *bonorum sectio* un javelot fût dressé à l'endroit où se faisaient les enchères [1]? Ces usages n'avaient aucune espèce de valeur légale et n'exerçaient aucune influence sur le droit; ils n'avaient pas plus d'importance que n'en présente de nos jours le drapeau national décorant le fronton des palais de justice, ou que le marteau d'ivoire dont se servent encore, je ne sais trop pourquoi, les commissaires priseurs du département de la Seine. Il serait donc puéril d'insister davantage sur ce point.

Je n'ai rien à dire non plus sur l'occupation et ses applications particulières dans les cas d'accession et de spécification. Sans doute les textes peuvent, dans quelques espèces isolées, présenter des décisions singulières au point de vue des idées actuelles; mais la théorie générale des Romains, en matière d'occupation, a toujours été regardée avec raison comme bien supérieure à la théorie moderne; et à ce sujet M. Demolombe n'a pu se dispenser de reconnaître et de démontrer l'incontestable supériorité de la législation romaine [2].

Enfin ce que j'ai à dire touchant les acquisitions qui s'opèrent *lege*, par la seule force de la loi, et spécialement tout ce qui regarde le legs *per vindicationem*, trouvera plus naturellement sa place quand je traiterai des transmissions testamentaires.

[1] Ces usages, d'ailleurs, n'étaient pas sans raison d'être; ils tenaient lieu de *placards* en quelque sorte, et annonçaient aux personnes qui se rendaient au *champ de foire* le lieu de la vente et la nature de l'objet à vendre.

[2] COURS DE CODE NAPOLÉON, *de la distinction des biens*, t. I, p. 507, nos 572, 573, 574, 575; — t. II, p. 155 et suiv., nos 182, 183; — p. 158, nos 187, 188, 189 et *passim*.

§ 7.

I. Acquisition d'un droit réel par un représentant; distinction entre le mandat et la représentation par un tiers dans un acte juridique.
II. Règle générale; la représentation par une personne externe est prohibée dans les actes civils d'acquisition de propriété; motifs et application de cette règle.
III. De la représentation dans les actes civils d'aliénation.
IV. Acquisition de la possession par un tiers; le père l'acquiert *jure potestatis* par l'intermédiaire de ses enfants; le maître, au contraire, *jure possessionis*, par le ministère de ses esclaves.

I. Les règles dont, jusqu'à ce moment, j'ai recherché la véritable signification sont toutes spéciales pour le cas où le sujet agit directement et par lui-même. Il peut arriver cependant qu'il y ait avantage ou utilité à agir par l'intermédiaire d'un représentant; quelle sera, dans cette hypothèse et au point de vue de l'acquisition des droits réels, la conséquence des actes juridiques posés par un représentant? Telle est la question que nous devons examiner.

Sur cette matière, les Romains avaient, dans l'origine, admis un principe de droit des plus rigoureux; chacun devait agir pour soi, de sorte que le *dominus negotii* ne pouvait jamais être considéré comme directement investi des droits résultant des actes de son représentant. Mais avant de dire quelle fut la destinée de cette règle dans le développement historique du droit, il importe d'en bien déterminer le sens.

Et d'abord malgré l'incontestable affinité qui existe entre la théorie du mandat et la théorie de la représentation dans les actes juridiques, il importe cependant de distinguer avec soin ces deux ordres d'idées.

La faculté de constituer un mandataire ou représentant dérive manifestement du *jus gentium;* aussi la loi positive s'est en général attachée à sanctionner à cet égard les prescriptions du droit des gens. Le mandat engendre des rapports contractuels entre le représentant et le représenté, mais ne peut pas, en principe, obliger les tiers; les tiers peuvent seulement s'en prévaloir vis-à-vis du mandant pour établir la validité des actes consommés avec le mandataire.

Mais lorsque le représentant ou mandataire a été régulièrement constitué et que d'un acte posé par lui dans les limites du mandat, il doit résulter un droit réel, quel sera le titulaire de ce droit? Le mandant lui-même en sera-t-il directement investi, absolument comme s'il avait agi de sa personne, ou bien le mandataire devra-t-il en demeurer titulaire, sauf au mandant à s'en faire transporter le bénéfice au moyen de l'*actio mandati?* En d'autres termes, peut-on être efficacement représenté par une tierce personne dans les actes juridiques? Telle est la question que les Romains s'étaient adressée, et l'exposé que je viens d'en faire démontre clairement que la théorie de la représentation dans les actes juridiques peut être considérée comme étant tout-à-fait en dehors de la théorie du mandat; et que par conséquent la loi positive peut rejeter ou admettre la représentation par un tiers dans les actes juridiques, sans méconnaître les caractères essentiels du mandat.

II. Or, il n'y avait aucune difficulté à admettre la représentation par une tierce personne libre dans les acquisitions réglées par le droit des gens, et nous allons voir qu'il y en avait, au contraire, de très graves à l'admettre dans les acquisitions réglées par le pur droit civil; en conséquence fut établie la règle dont Modestinus nous a conservé la formule :

Ea, quæ civiliter adquiruntur, per eos, qui in potestate

nostra sunt, adquirimus : *veluti stipulationem.* (Le texte primitif devait mentionner aussi la *mancipation*). *Quod naturaliter adquiritur, sicuti possessio* , *per quemlibet volentibus nobis possidere adquirimus* [1].

Il importe de faire remarquer que le texte primitif devait nécessairement mentionner la mancipation, mais devait, au contraire, omettre complètement l'*in jure cessio.* L'*in jure cessio*, en effet, se produisant sous la forme d'un jugement d'expédient ne peut pas être placée sur la même ligne que la mancipation, et doit naturellement subir l'influence des règles concernant les actions. Par conséquent, l'acquéreur dans l'*in jure cessio* devait nécessairement agir par lui-même, et ne pouvait être représenté valablement par personne, pas même par les enfants placés sous sa puissance. Cela tenait évidemment au principe général que : *nemo alieno nomine agere potest* [2], principe dont je rechercherai plus tard la signification quand je m'occuperai de la représentation en justice. En ce qui touche la mancipation, au contraire, il fallait distinguer : on pouvait valablement être représenté pour acquérir par les personnes sous puissance, mais on ne pouvait pas l'être par les personnes étrangères, et la raison de cette différence est des plus simples : s'il avait été admis que la propriété pouvait être acquise par l'intermédiaire d'un tiers qui aurait joué le rôle d'*emptor*, il est

[1] L. 53, D. 41, 1 (*de adquir. rerum dom.*).

[2] L. 123, D. 50, 17 (*de div. reg. jur.*). Telle est la leçon des Florentines confirmée par plusieurs manuscrits. Mühlenbruch (*Traité de la Cession*, § 5) fait remarquer avec raison que, puisque dans les actes se référant aux *legis actiones*, on ne pouvait pas être représenté même par une personne sous puissance, Ulpien avait pu dire d'une manière générale : nul ne peut employer un tiers pour exercer une *legis actionem*. Le principe aurait été tout-à-fait faux si, en laissant de côté le mot *lege*, il avait dit simplement : *Nemo alieno nomine agere* (c'est-à-dire faire un acte juridique) *potest*; en effet, la règle contraire avait depuis longtemps prévalu à l'époque où écrivait Ulpien.

certain qu'un pareil résultat n'aurait pu être obtenu que si le représentant avait réellement agi au nom et dans l'intérêt du représenté, car s'il avait agi pour son propre compte, lui seul serait devenu propriétaire. Donc la question de savoir lequel des deux serait, en définitive, reconnu comme propriétaire, aurait, dans ce cas, dépendu de l'appréciation d'un élément intentionnel toujours difficile à dégager. Or, nous avons vu que la mancipation avait précisément été introduite pour éviter toute incertitude et toute équivoque pouvant résulter de l'appréciation de l'intention des parties; donc il était contraire à la nature même de la mancipation que l'acquéreur pût y figurer par l'intermédiaire d'un représentant. Ce n'est donc pas parce que l'*emptor* disait : *hæc res empta est mihi,* qu'il ne pouvait acquérir que pour lui seul; ce n'est pas la rigueur de la formule qui a dicté la règle; la règle a été établie par suite des considérations que je viens de faire valoir, et c'est elle, au contraire, qui a engendré la formule: *hæc res empta est mihi*; et ce qui prouve l'exactitude de l'explication que je viens de donner, c'est que dans l'hypothèse où il ne pouvait pas y avoir d'équivoque, lorsqu'il était certain que le représentant ne pouvait pas avoir agi pour son compte, mais qu'il avait, au contraire, nécessairement agi pour le compte du représenté; alors on ne trouvait aucun inconvénient à permettre la représentation dans la cérémonie de la mancipation. Or c'est ce qui avait lieu pour les enfants sous puissance et les esclaves; ils pouvaient, les uns comme les autres, jouer le rôle d'*emptor* dans la mancipation, et tout ce qu'ils acquéraient à ce titre était directement acquis au chef de famille ou au maître [1]. Or, si la rigueur de la formule avait suffi pour empêcher que l'*emptor* pût faire acquérir la propriété à un

[1] *Quod liberi nostri quos in potestate habemus, item quod servi nostri mancipio accipiunt..... id nobis adquiritur.* Gai. II, § 87.

autre, la même rigueur aurait dû faire prononcer la nullité de la mancipation quand l'*emptor* était *alieni juris*, précisément parce que celui qui est sous puissance ne pouvant avoir de patrimoine, ne peut dire : *hæc res empta est mihi, ipse enim qui in potestate est, nihil suum habere potest* [1]. Et cependant c'est précisément cette raison que donne Gaius pour expliquer comment il se fait que l'on puisse, dans la mancipation, acquérir par l'intermédiaire des personnes sous puissance. Reconnaissons donc que dans la transmission *per æs et libram* la formule n'exerce aucune espèce d'influence.

Mais si cette explication est exacte, il semble que dans l'*in jure cessio* on aurait pu pareillement acquérir par l'intermédiaire des esclaves ou des fils de famille; comment donc se fait-il qu'il n'en soit pas ainsi? Nous avons déjà démontré que l'*in jure cessio* n'étant que la fiction de l'action en revendication, ne pouvait être raisonnablement employée que par les personnes qui pourraient, sans impossibilité légale, agir en revendication ; or un esclave ou un fils de famille ne le pouvaient pas : *in summa sciendum est*, dit Gaius, *iis qui in potestate, manu mancipiove sunt, nihil in jure cedi posse ; cum enim istarum personarum nihil suum esse possit, conveniens est scilicet ut nihil suum esse in jure vindicare possint* [2]. De sorte que, il est bon de le remarquer, la même raison qui avait fait admettre comme possible l'acquisition dans la mancipation par l'intermédiaire d'un représentant sous puissance, l'avait fait rejeter comme impossible dans l'*in jure cessio ;* ces deux décisions opposées sont motivées par la même circonstance : *qui in potestate est, nihil suum habere potest.*

On voit donc que le principe, d'après lequel on ne peut

[1] *Ibid.*
[2] II, § 96.

en général agir que pour soi, n'est pas absolument arbitraire comme on le dit souvent, et surtout qu'il ne dérive pas de préoccupations formalistes. Il faut d'ailleurs remarquer que les inconvénients qui en résultaient pouvaient être facilement atténués dans la pratique; la *mancipatio* étant en effet d'un usage plus commode que l'*in jure cessio*, il était toujours facile d'employer au besoin l'intermédiaire des esclaves.

III. Pour épuiser cet ordre d'idées, je dois dire quelques mots sur la question de savoir si l'on peut constituer un représentant pour aliéner ; en un mot, si un acte d'aliénation peut être efficacement posé par un autre que le propriétaire. Pour l'*in jure cessio*, la négative est évidente; j'ai démontré que le propriétaire seul peut *cedere in jure*, et il est manifeste que l'*in jure cessio* consentie par un tiers, même autorisé, ne pourrait produire aucun effet sérieux, car l'acquéreur ne serait pas suffisamment garanti contre les réclamations du propriétaire qui soutiendrait n'avoir pas donné mandat. Relativement à la mancipation, les mêmes raisons existent; il y aurait toujours incertitude sur la régularité du transfert de la propriété, aussi le mancipant ne pouvait se faire représenter; il est vrai qu'il n'y a pas de texte qui le déclare formellement, mais cela semble résulter de toute l'économie de la mancipation. Il était encore très facile d'atténuer les inconvénients qui pouvaient en résulter. On n'avait qu'à manciper une chose à un représentant, afin que ce dernier la mancipât à son tour à celui qui devait l'acquérir. Cicéron nous en fournit un exemple remarquable : Il était copropriétaire avec Vestorius du fonds *Brinnianum*; Vestorius qui se trouvait à Pouzzoles trouve à vendre ce fonds à un certain Hétérius; mais il ne pouvait le lui *manciper* que *pro parte*; or, Cicéron en mancipant sa part à l'esclave de Vestorius rendait ce dernier propriétaire de la totalité, et Vestorius pouvait, en conséquence, manciper à Hétérius le fonds tout entier; *Vestorius ad me scripsit*, mande Cicéron à Atticus, *ut juberem mancipio dari servo suo, pro mea parte, Hetereio cuidam, fundum Brinnianum ; ut ipse ei Puteolis recte mancipio dare posset. Eum servum, si tibi videbitur, ad me mittes* [1].

IV. Néanmoins et malgré les facilités que pouvait présenter la pratique, je n'hésite pas à reconnaître tout ce qu'il y avait de rigoureux dans le principe, qu'on ne peut agir que pour soi. Mais il faut remarquer avec Mühlenbruch qu'un principe de cette nature ne peut être en vigueur que dans un Etat de peu d'étendue, qu'il devint bientôt impraticable chez les Romains, et que cette règle, prise dans sa généralité, perdit en grande partie sa signification. Nous avons vu d'ailleurs qu'elle n'avait jamais été admise pour les choses *quæ naturaliter adquiruntur*, et que notamment en ce qui touche la possession, *per quemlibet volentibus possidere adquirimus* [2]. C'est le cas maintenant d'exposer la théorie de l'acquisition de la possession par le fait d'un représentant. Il n'y a pas de difficulté quand le représentant est une *libera et extranea persona ;* les règles du droit romain sur ce point sont toutes justifiées par la nature même des choses.

[1] *Epist. ad Atticum*, XIII, 50. J'ai suivi la leçon ordinaire, mais certains critiques proposent de lire : *ut juberem mancipio dare servum suum.* Il résulterait de cette correction que l'on pourrait manciper par l'intermédiaire d'une personne étrangère, dans l'espèce par l'intermédiaire de l'esclave d'autrui. Mais si cela eût été possible, Ciceron aurait bien mieux fait d'adresser directement le mandat à Vestorius lui-même, et dans tous les cas, n'aurait pas eu besoin qu'on lui envoyât l'esclave. Si donc il réclame l'arrivée de l'esclave, c'est que la présence de ce dernier est indispensable, c'est-à-dire, qu'il s'agit d'une mancipation dans laquelle l'esclave jouera le rôle d'*emptor*. Je dois dire cependant que M. de Caqueray a suivi la correction proposée : « Le pouvoir que Cicéron donnait à l'esclave de Vestorius, dit le savant professeur, devait être transmis à ce dernier chargé d'accomplir la mancipation. Du reste, cela est obscur comme tous les passages relatifs à des affaires privées. » *Explication des passages de droit privé contenus dans les œuvres de Ciceron*, p. 575.

[2] L. 53, D. 41, 1 (*de adquir. rer. dom.*).

Mais en est-il de même quand le représentant est un fils de famille ou un esclave ? On a dit à ce sujet que le droit du chef de famille d'acquérir par le ministère des personnes placées sous sa puissance dérivait d'un droit de propriété et de possession que la loi lui aurait reconnu sur la personne de ses enfants comme sur celle de ses esclaves. Cette opinion qui se justifie d'elle-même à l'égard des esclaves est insoutenable à l'égard des enfants. Il est tout-à-fait inexact que les Romains aient attribué au père un droit de propriété sur ses enfants, ils n'admettaient pas que le père pût en réalité prétendre posséder son enfant[1] ; par voie de suite ils n'autorisaient pas la revendication d'un fils, attendu que la revendication implique nécessairement une idée de propriété qui ne saurait avoir une ombre de réalité appliquée à un fils de famille. Le père ne pouvait donc réclamer son fils qu'en qualité de père, c'est-à-dire comme investi de la puissance paternelle, et jamais en qualité de propriétaire[2], car il ne l'était pas. Ainsi donc, lorsque le représentant est une personne sous puissance, la véritable règle, en ce qui touche les acquisitions, doit être formulée de la manière suivante :

Le droit qu'a le chef de famille d'acquérir par l'intermédiaire de ses enfants a sa source dans le *jus patriæ potestatis ;* il suit de là que le fils de famille acquiert toujours soit la propriété, soit la possession, pour le compte de son véritable père, et non pour son père putatif qui le possède de bonne foi comme fils [1].

[1] *Per eum, in quo usumfructum habemus, possidere possumus..... Nec ad rem pertinet, quod ipsum non possidemus* ; NAM NEC FILIUM. Paul, L. 1, § 8, D. 41, 2 (*de adquir. vel amitt. poss.*).

[2] *Per hanc autem actionem (rei vindicationem) liberæ personæ quæ sunt juris nostri, ut puta liberi qui sunt in potestate, non petuntur. Ulp.* L. 1, § 2, D. 6, 1 (*de rei vind.*) ; voy. le commentaire de cette loi par M. Pellat, *propriété*, p. 113.

[3] *Per eum, quem justo ductus errore, filium meum, et in mea potestate esse*

Au contraire, quand le représentant est un esclave, c'est la possession de cet esclave et non pas le *jus dominicæ potestatis* qui sert de base au droit d'acquérir par son intermédiaire. Il suit de là que l'esclave, ou l'homme libre réputé esclave, acquiert toujours la possession pour le compte de celui qui le possède de bonne foi, et non pour le véritable propriétaire ou pour lui-même [1]. Ainsi donc ces diverses solutions sont complètement justifiées par la nature même des choses, et une dernière réflexion achèvera de démontrer qu'elles ne pouvaient pas être différentes. Il est prouvé, en effet, que les Romains n'admettaient chez le père ni un droit de propriété ni un droit de possession sur la personne de ses enfants; or, ils avaient néanmoins posé comme règle générale qu'on pouvait acquérir par l'intermédiaire des personnes sous puissance; donc pour être conséquents ils devaient, en ce qui touchait les fils de famille, rendre cette acquisition tout-à-fait indépendante du fait de la possession, et voilà pourquoi le fils acquérait pour son père véritable et non pour son père putatif. Mais il n'en était pas de même pour les esclaves qui sont susceptibles de propriété et de possession; donc à leur égard il fallait tenir compte du fait de la possession dont ils étaient l'objet, et voilà pourquoi ils acquéraient la possession pour le compte de leur possesseur de bonne foi, et non pour celui du véritable maître [2].

existimo, *neque possessio*, *neque dominium*, *nec quicquam aliud ex re mea mihi queritur*. Hermogen. L. 50, D. 41, 2 (*de adquir. vel amitt. poss.*).

[1] *Per eum*, *quem bona fide possidemus*, *quamvis alienus sit*, *vel liber*, *possessionem adquiremus*. Paul, L. 1, § 6, D. 41, 2 (*de adquir. vel amitt. poss.*).

[2] Je n'ai pas besoin de faire remarquer que cette règle ne s'applique qu'à la possession seulement et dans la limite de ce que le possesseur pouvait acquérir par l'intermédiaire des esclaves, c'est-à-dire, pour tout ce que l'esclave acquérait *ex re domini* ou *operibus suis*; le reste appartenait au véritable maître.

Mais si cette explication est exacte, comment se fait-il que la circonstance que la femme *in manu* n'est pas possédée par son mari ait fait hésiter sur la question de savoir si la femme pouvait être considérée comme instrument d'acquisition de possession? *Per eas vero personas quas in manu mancipiove habemus,* dit Gaius, *proprietas quidem adquiritur nobis ex omnibus causis, sicut per eos qui in potestate nostra sunt : an autem possessio adquiratur quæri solet, quia ipsas non possidemus* [1]. On comprend le doute pour le *mancipium* qui se rapproche de l'esclave, mais il est plus difficile de l'admettre pour la femme *in manu* qui est toujours assimilée aux enfants, *loco filiæ*; et puisque l'acquisition de la possession par les enfants est indépendante de toute idée de possession sur leur personne, pourquoi en serait-il autrement pour les acquisitions de possession faites par la femme? La difficulté n'est qu'apparente; voici, en effet, quel paraît être le raisonnement du jurisconsulte : Il y a controverse, dit Gaius, sur le point de savoir si l'on peut acquérir la possession par l'intermédiaire de la femme *in manu* ou de l'homme libre *in mancipio*. La *manus*, en effet, quoique instituée à l'image de la *patria potestas*, en diffère cependant beaucoup; donc, de ce que l'on peut acquérir la possession *per filium*, il ne s'ensuit pas nécessairement qu'on puisse l'acquérir par la femme *in manu*, quoiqu'elle soit *loco filiæ*. Même raisonnement pour l'homme libre *in mancipio* : Le *mancipium*, quoique institué à l'image de la *dominica potestas*, en diffère cependant beaucoup; donc, de ce que l'on peut acquérir la possession *per servum*, il n'en résulte pas nécessairement qu'on puisse l'acquérir par l'homme libre qui se trouve *in mancipio, quamvis sit loco servi*.

Ainsi donc il est douteux que l'on puisse acquérir la

[1] *Gai.* II, § 90.

possession, *jure potestatis;* soit par la femme *in manu*, soit par l'homme libre, *in mancipio.*

Il ne peut, en effet, être question d'acquérir la possession par leur intermédiaire *jure possessionis*, puisqu'il est certain que nous ne les possédons pas eux-mêmes. Si nous les possédions, il n'y aurait pas de controverse possible, car alors on acquerrait la possession par leur intermédiaire *jure possessionis.* Donc c'est précisément la circonstance que nous ne les possédons pas, et que par suite nous ne pouvons acquérir la possession *jure possessionis* par leur intermédiaire qui permet de se demander si l'on ne peut pas l'acquérir par leur intermédiaire *jure potestatis* ; seulement, Gaius, avec cette concision extraordinaire dont les jurisconsultes romains fournissent de si nombreux exemples, se borne à mettre en relief la raison principale de douter, et résume ainsi en dix mots le raisonnement laborieux que je viens de construire : *an autem possessio adquiratur quæri solet*, dit-il, *quia ipsas non possidemus....*

Je crois inutile de pousser plus loin cet examen ; j'en ai dit assez pour démontrer quel est le véritable caractère de la théorie des Romains sur les acquisitions de droits réels par l'intermédiaire d'un représentant. D'ailleurs, j'aurai plus tard à revenir sur ce sujet pour le compléter quand je m'occuperai de la représentation dans les actes juridiques générateurs d'obligations, et de la représentation en justice.

§ 8.

I. Des garanties accordées à la propriété ; il faut distinguer la période républicaine de la période impériale.
II. De l'action en revendication ; signification des antiques formes du *sacramentum*.
III. Dispositions relatives au *furtum*.
IV. Véritable signification de la *condictio furtiva*.
V. Spécialité concernant les actions divisoires.

Maintenant que nous avons déterminé la nature du droit de propriété, et la vraie signification des actes juridiques usités pour le constituer ou pour le transférer, il nous reste à apprécier le caractère et la valeur des nombreuses garanties dont il fut entouré par les Romains.

Le respect des Romains pour la propriété est connu de tout le monde, nulle part il n'a été plus profond [1]. Et cependant quand on parcourt l'histoire de ce grand peuple, on est frappé des atteintes innombrables portées au principe même de la propriété, et quand on étudie les écrits des jurisconsultes et les constitutions impériales, on découvre à chaque instant d'incroyables restrictions qui viennent paralyser l'exercice de ce droit sacré.

Si l'on veut se rendre compte de cette apparente contradiction, on devra distinguer avec soin deux périodes bien distinctes dans le développement de la société romaine.

La première est la période monarchique et républicaine, je l'appellerai volontiers la période *libérale* ; ce qui la

[1] Voy. une dissertation de M. Bénech, ayant pour titre : *Du respect des Romains pour la propriété* (*Revue de Législation*, 1848, p. 55).

caratérise, en effet, c'est : « *un sentiment énergique de la valeur de l'individu et de ses droits, une protestation des libertés personnelles contre l'écrasement de la puissance collective, aristocratique ou socialiste*[1]. » Au début de cette période, le roi nous apparaît plutôt comme un chef militaire que comme un monarque ; il n'a aucun des attributs qui caractérisent la royauté moderne ; les quirites sont ses compagnons plutôt que ses sujets, il ne paraît pas avoir sur eux une *jurisdictio* proprement dite, et ne peut, à aucun titre, intervenir dans le règlement de leurs rapports privés. Les droits individuels jouissent d'une indépendance complète. Il est vrai que Pomponius, dans un passage célèbre, semble attribuer aux anciens rois un pouvoir sans bornes. Mais, grâce aux travaux de la critique moderne, nous savons quel degré de confiance il faut accorder aux renseignements qui nous sont parvenus sur ces époques reculées antérieures à toute certitude historique[2]. La substitution de la forme républicaine à la royauté n'apporta pas de changements bien profonds à la constitution sociale ; les luttes incessantes entre les patriciens et les plébéiens imposaient à tous les membres d'une même caste une solidarité complète, et il en résulta naturellement que les prérogatives de l'individu eurent pour garantie l'intervention assurée de tous ceux de sa caste. Sans doute, l'idée de la *patrie* grandissait tous les jours, tous les jours elle demandait aux citoyens de nouveaux sacrifices, mais quand l'heure du danger était passée,

[1] C'est la définition que M. Ch. Aubertin a donnée du libéralisme, dans un remarquable article sur le *libéralisme aristocratique en* 1860 (*Revue européenne*, cahier du 15 novembre 1860, p. 279).

[2] § 1. *Et quidem initio civitatis nostræ populus sine lege certa, sine* JURE CERTO PRIMUM *agere instituit, omniaque manu a regibus gubernabantur.* — § 2. *Postea aucta ad aliquem modum civitate, ipsum Romulum traditur populum in triginta partes divisisse*... L. 2, § 1 et 2, D. 1, 2 (*de origine juris*). Ce texte signifie tout simplement qu'avant Romulus la cité était régie par la coutume.

le Romain déposait le glaive, et, libre de toute entrave, il achevait de tracer le sillon interrompu. L'idée abstraite de l'*Etat*, être moral, personnification absorbante des intérêts de tous et qu'il ne faut pas confondre avec la *Patrie*, ne s'était pas encore développée aux dépens des droits de l'individu; nous avons vu en effet que, pendant cette période, l'Etat n'élevait aucune prétention au sujet des successions vacantes, elles étaient déférées au premier occupant; c'est aussi pendant cette période que se révèle avec le plus de force, dans la loi des Douze-Tables, le génie conservateur de la propriété [1].

Mais, dans la période suivante, l'élément aristocratique enfin écrasé disparut, et la démocratie fit son apparition dans la personne de l'Empereur. Alors tout dut se faire pour le peuple, sinon par le peuple; quand l'intérêt de l'Etat, c'est-à-dire l'intérêt de la masse, l'exigeait, le droit privé était sacrifié. Par conséquent l'Etat était autant que possible substitué à l'individu, et, à ce propos, je rappellerai encore que c'est sous Auguste que les successions vacantes furent déferées au peuple, c'est-à-dire au trésor public, *populo bona deferuntur* [2]. C'est dans cette période que furent promulguées toutes les dispositions restrictives du droit de propriété. La terre fut tellement grevée d'impôts que la condition du possesseur devint intolérable; on vit les cultivateurs abandonner leurs champs à la merci du premier occupant; et il ne fut même pas toujours facile de trouver quelqu'un qui consentît à les prendre à sa charge. Nous pouvons lire dans le Code Justinien, sous ce titre caractéristique : *De omni agro deserto*, un grand nombre de dispositions extraordinaires qui témoignent du mépris le plus complet pour le droit de propriété individuelle.

[1] Benech, *loc. cit.*, p. 60.
[2] *Ulpien*, XXVIII, 7.

Nous y voyons notamment qu'après deux années, le propriétaire qui a abandonné son champ ne peut plus le reprendre à celui qui l'a mis en culture. Le délai fut encore trouvé trop long et une nouvelle constitution vint le réduire à six mois [1].... Qui ne flétrirait de pareils excès du despotisme? Cependant je ne crois pas que ce fût là le régime de la propriété régulière du *dominium* proprement dit ; l'examen des textes relatifs à la matière m'a conduit à penser que les mesures dont je parle étaient uniquement applicables à l'exploitation des terres concédées par l'Etat moyennant de lourdes redevances. Mais, même dans cette hypothèse, il est impossible d'admettre que l'intérêt général puisse absorber de la sorte les droits privés.

Tout ce qu'on peut tolérer de la part du législateur, c'est de permettre l'expropriation pour cause d'utilité publique moyennant une juste indemnité. Ce n'est, en effet, que lorsqu'il s'agit de grands travaux d'utilité générale qu'il est permis de dire avec un éminent professeur : que pour la société, l'*intérêt* c'est le *droit*, le *droit* c'est l'*intérêt*, et que l'intérêt de tous forme le droit le plus positif et le plus impérieux, le *droit social* [2]. D'ailleurs, dans la société romaine comme chez nous, chaque fois que les mesures d'utilité publique dont je parle avaient pour conséquence une privation complète de la propriété, ou un dommage réel, soit permanent, soit temporaire, le propriétaire était toujours indemnisé, et si dans certains cas il ne l'était pas, c'est que celui qui vit dans une société organisée doit se soumettre à certains sacrifices dans l'intérêt de tous, car il y a réciprocité. Et M. de Fresquet fait remarquer avec raison que cette idée de réciprocité est importante, car elle explique comment dans bien

[1] L. 8, 11, C. 11, 58 (*de omni agro deserto*).

[2] M. Chauveau, *Principes de compétence et de juridiction administratives*, t. I, p. 78, n°s 278 et 279.

des circonstances, les droits du propriétaire sont limités sans qu'il puisse demander une indemnité [1]. Sous ce rapport donc, la législation impériale est à l'abri de toute critique; c'est cette législation qui permit aux empereurs de faire de Rome la première ville du monde. Rappelons-nous, en effet, qu'après l'incendie de Rome sous Néron, il fut possible d'en décréter la reconstruction d'après un plan général d'alignement, tandis que plusieurs siècles avant, quand les Gaulois eurent brûlé la ville, rien ne put empêcher les citoyens de réédifier leurs maisons au gré de leur caprice et sans aucune espèce d'ordre : *cæterum*, dit Tacite, *urbis quæ domui supererant, non ut post Gallica incendia, nulla distinctione nec passim erecta ; sed dimensis vicorum ordinibus et latis viarum spatiis, cohibitaque ædificiorum altitudine.... Nec communione parietum, sed propriis quæque muris ambirentur* [2].

Je crois inutile d'insister davantage sur ce point; mais avant d'examiner comment les Romains ont organisé la garantie due à la propriété, il m'a paru indispensable de faire remarquer que toutes les mesures protectrices adoptées à cet effet dataient de la période monarchique ou républicaine, et que toutes les dispositions restrictives dataient, au contraire, de la période impériale.

II. La première et la plus importante de toutes les garanties accordées au droit de propriété consiste dans l'action en revendication. On sait que dans le principe cette action se produisait sous la forme si remarquable appelée : *Legis actio per sacramentum, actio sacramenti.* Je n'ai pas besoin de décrire ici les nombreuses involutions de procédure auxquelles cette action donnait lieu, et je dois reconnaître

[1] Voy. *Principes de l'expropriation pour cause d'utilité publique à Rome et à Constantinople*, *et délimitations apportées par les lois au droit de propriété*, par M. de Fresquet (*Revue historique*, livraison de mars-avril 1860, p. 148).

[2] *Ann. lib.* XV, c. 43.

que ceux qui accusent le droit romain d'être formaliste paraissent à ce sujet devoir remporter un facile triomphe. Cependant il ne paraît pas impossible de justifier de tout point les singularités apparentes de l'*actio sacramenti.* Et d'abord, il importe de remarquer que cette action, la plus ancienne des actions de la loi, paraît, d'après sa forme, n'avoir pu s'appliquer primitivement qu'à la revendication des choses mobilières ou à la constatation d'un droit de créance; ce n'est que plus tard et en traitant par une sorte d'*ameublissement* les immeubles comme chose mobilière, que l'*actio sacramenti* put servir à la revendication de la propriété immobilière. Il résulte de cette remarque que l'origine de notre action remonte à une époque antérieure à la constitution de la propriété individuelle, ou *dominium*; à une époque où le peuple romain était encore plutôt campé que fixé, et par conséquent, au moment le plus accentué de cette période *libérale,* où le soldat pouvait bien avoir un chef, mais où l'individu n'en reconnaissait pas. Le pouvoir de *jus dicere* n'appartenait encore de plein droit à personne; il ne pouvait résulter que d'une libre délégation de la part des intéressés eux-mêmes; et on peut sur ce point invoquer le témoignage de Cicéron : Nos ancêtres, dit-il, n'admettaient pas que, dans les affaires même de la plus mince importance, et où l'*existimatio* d'un citoyen n'était pas le moins du monde intéressée, on pût être jugé par un juge qui n'avait pas été librement choisi par les parties; *neminem voluerunt majores nostri non modo de existimatione cujusquam, sed ne pecuniaria de re minima esse judicem, nisi qui inter adversarios convenisset* [1]. Il est vrai que l'on s'accorde généralement à reconnaître que Cicéron entend seulement parler des juges accordés par le magistrat, seul investi du *jus dicere.* Mais nous ne voyons pas pourquoi on ne rapporterait pas à la

[1] *Pro Cluentio Avito*, 43.

jurisdictio du magistrat lui-même l'observation de l'orateur romain [1]. Il faut remarquer, en effet, qu'à l'époque reculée envisagée par Cicéron (*majores*), la distinction entre la procédure *in jure* et la procédure *in judicio* n'existait probablement pas, que tous les procès étaient instruits et jugés par le magistrat, et que par conséquent les mesures adoptées par les *ancêtres* ne pouvaient se rapporter qu'à la constitution du *jus dicendi*, et non pas à celle de l'*officium judicis.* Par conséquent, les questions de propriété ne pouvaient être tranchées qu'en vertu d'une délégation consentie par les parties, et le *sacramentum* ne fut que le moyen de constater cette délégation et de la rendre sérieuse. M. Maynz a développé cette idée d'une manière ingénieuse : « Les » formalités usitées dans les anciens actes introductifs » d'instance, nous semblent indiquer, dit-il, qu'ils doivent » leur origine au sentiment d'indépendance individuelle » qui s'oppose à ce que l'autorité sociale intervienne dans » les affaires privées sans l'aveu du citoyen que la chose » concerne. Quand le quirite commet un méfait qui lèse la » communauté entière, il est tout naturel que le peuple ou » ses représentants agissent à l'effet de punir le coupable. » Mais de quel droit jugerait et condamnerait-on un citoyen » dont un simple particulier prétend avoir à se plaindre ? » Pour que cela puisse se faire, il faut que le citoyen ait » consenti à se soumettre au jugement. La *legis actio per* » *sacramentum* nous montre comment cette soumission a » pu être obtenue. Deux guerriers se disputent un prison- » nier de guerre. Le roi, attiré par l'altercation, leur » ordonne, dans l'intérêt de la discipline militaire, de » lâcher l'objet de la contestation, et s'informe des causes » de la lutte. Chacun prétend que l'esclave lui appartient.

[1] C'est l'opinion de M. Maynz, *loc. cit.* t. I, p. 283, note 36.

» Si l'on veut empêcher que le désordre se renouvelle, la » question doit être vidée. L'un des rivaux en appelle à » l'honneur de l'adversaire et le provoque à un pari : Je te » provoque et gage cinq cents as que l'esclave m'appartient. » L'autre, à moins de se déshonorer aux yeux des com- » militons, ne saurait refuser la provocation ; il accepte » la gageure. L'enjeu est remis entre les mains du roi qui » se trouve naturellement juge du pari. Mais en jugeant » le pari, il décide implicitement la question de propriété. » Voilà le moyen trouvé de faire dériver du pouvoir mili- » taire du chef la *juris dictio* sur les contestations entre » particuliers. Le besoin fit de ce mode un usage constant » que la loi elle-même finit par sanctionner. Quand par la » pratique journalière on se fut ainsi habitué à considérer » cette *juris dictio* comme une attribution naturelle de la » magistrature suprême, on dépouilla ce procédé usité de » ce qui était devenu superflu : la lutte dégénéra en sym- » bole ; le pari originairement essentiel devint une pure » formalité qui se simplifia de plus en plus et finit par » disparaître entièrement [1]. »

La formalité du *sacramentum* ainsi expliquée, je dois encore, mais très succinctement, rechercher quels furent les motifs probables de la *manuum consertio ;* je ne veux pas, en effet, anticiper sur ce que j'aurais à dire plus tard, touchant la procédure en général.

Dès le début de la première période, la revendication, ainsi que je l'ai déjà indiqué, ne pouvait avoir pour objet que les choses mobilières, puisque la propriété individuelle territoriale n'existait pas encore. Il importait donc de déterminer avec soin l'objet du litige, et pour cela il fallait que l'objet fût présent ; on ne peut, en effet, revendiquer

[1] *Loc. cit.*, p. 283, § 130.

que les choses qu'il est en quelque sorte possible de montrer avec le doigt, puisqu'il y a impossibilité rationnelle et matérielle de revendiquer une chose qui n'existe pas.

La *manuum consertio* n'avait donc d'autre but que de permettre au juge de bien déterminer l'objet du litige et de s'assurer de son existence[1]. Plus tard, quand la propriété territoriale eût été constituée, il fallut nécessairement que les parties se livrassent à la *manuum consertio* sur le terrain contesté lui-même et en présence du magistrat. Il fallait bien, en effet, que ce dernier, qui alors, ainsi que je l'ai dit, devait trancher seul la question, fût édifié sur la nature et l'objet de la contestation. La *deductio* constituait donc une véritable descente sur les lieux. Mais quand les occupations du magistrat se multiplièrent, quand il lui fut devenu impossible de terminer lui-même les contestations, et qu'il se vît obligé de renvoyer l'examen du point du fait à un *judex*, ce dernier fut chargé de visiter les lieux contentieux. La *deductio* et la *manuum consertio* ayant désormais perdu leur raison d'être, ne furent plus que de vains simulacres et auraient dû, par conséquent, disparaître. Comment donc se fait-il que toutes ces formalités, désormais sans aucune signification, et dont Cicéron se moquait impitoyablement, furent conservées au moins jusqu'au temps d'Aulu-Gelle[2]. Elles furent conservées uniquement comme habitude d'audience, comme usages respectables à raison de leur antiquité et des souvenirs qu'ils rappelaient, mais il est manifeste que ces opérations symboliques n'avaient aucune influence sur le fond du droit, qu'elles ne constituaient pas des actes juridiques et qu'elles n'avaient plus la moindre importance légale[3].

[1] Voy. Maynz, *loc. cit.*, p. 496, § 203.

[2] Il paraît en effet qu'elles furent en vigueur jusqu'à cette époque. Voy. Zimmern, *Traité des actions*, p. 111, § XLI.

[3] « On a l'habitude, dit M. Maynz, à propos des actes juridiques, d'exagérer de

Il est donc certain que les Romains n'ont pas été le moins du monde formalistes dans la manière dont ils ont cru devoir réglementer l'exercice de l'action en revendication ; voyons maintenant ce que nous devons penser des autres garanties qu'ils ont accordées au droit de propriété.

III. Le respect des Romains pour la propriété se révèle d'une manière toute spéciale dans les dispositions relatives au *furtum* [1]. On sait que le *furtum* des Romains ne correspond pas le moins du monde au *vol*, tel qu'il est défini dans les législations modernes. Le *furtum* était beaucoup plus compréhensif. Il résulte, en effet, de la définition qu'en donne Gaius [2] qu'il comprenait, outre le vol proprement dit, des faits illicites pouvant rentrer dans l'escroquerie ou l'abus de confiance, ou même ne constituant que la violation d'un contrat [3]. Par conséquent, il est tout naturel que les anciens jurisconsultes aient pu se demander sérieusement si les immeubles pouvaient être l'objet d'un *furtum* ; il ne s'agissait pas, en effet, de savoir si l'on peut *voler* un immeuble dans le sens moderne de cette expression. Cependant, comme l'idée de déplacement finit par dominer dans la notion que les jurisconsultes se formaient du *furtum*, il fut bientôt admis que les choses mobilières

beaucoup l'élément symbolique dans le droit civil des Romains. Bien des opérations symboliques qu'on cite comme actes juridiques, sont tout simplement des cérémonies qui étaient en usage à Rome, sans avoir la moindre importance légale. De ce nombre sont la plupart des signes énumérés dans l'*Histoire du droit romain* de Berriat-Saint-Prix, p. 53. » *Loc. cit.*, p. 262, note 34.

[1] Les formalités singulières concernant le *furtum lance licioque conceptum* avaient uniquement pour but de rendre toute fraude impossible de la part de celui qui en poursuivait la constatation. Voy. sur ce point une dissertation de M. Vangerow analysée par M. Chauffour, *Revue de législation*, t. XXVIII (1847), p. 104.

[2] *Furtum autem fit, non solum cum quis intercipiendi causa rem alienam amovet, sed generaliter cum quis rem alienam invito domino contrectat.* III, § 195.

[3] *Gai.* III, § 196.

pouvaient seules en être l'objet[1]. Mais la violence fut, d'une manière absolue, assimilée au *furtum* quant à ses effets[2]. On sait que la législation romaine, au sujet du *furtum*, était très sévère. L'homme libre était battu de verges et adjugé au demandeur; l'esclave était puni d'une manière encore plus terrible[3]. Ces dispositions, on le voit, n'étaient préventives que par la terreur qu'elles pouvaient inspirer; en réalité, elles n'étaient que répressives, et il importait d'organiser un système convenable de mesures préventives destinées à protéger, d'une manière efficace, la propriété mobilière. Chez nous, ce but a été atteint par des institutions de police et de sûreté publique. Mais, comme l'état de la société romaine ne comportait pas l'application de semblables moyens, on y suppléa par des dispositions spéciales de la loi civile. Il fut déclaré par la loi des Douze-Tables que les choses furtives ne pouraient pas être usucapées[4]. Dès lors, chaque citoyen qui voulait acquérir une chose mobilière, devait rechercher avec soin l'origine de la possession de son vendeur, et ce dernier devait être toujours prêt à justifier de sa qualité de propriétaire. Il suit de là que le voleur devait difficilement trouver à se défaire de la chose par lui soustraite, et l'intérêt qu'il pouvait trouver à voler était diminué d'autant. Cette disposition de la loi des Douze-Tables est tout-à-fait naturelle dans une législation qui admet d'une manière complète la revendication, et par conséquent l'usucapion des choses mobilières, et au sein d'une société où les institutions de police n'ont pas encore reçu un développement suffisant.

[1] *Gai.* II, § 51; L. 38, D. 41, 3 (*de usurp. et usuc.*); L. 25, pr. D. 47, 2 (*de furtis*); *Inst. Just.* II, 6, § 7.

[2] *Gai.* II, § 45, 49.

[3] *Gai.* III, § 189.

[4] *Gai.* II, § 45, 49.

IV. Enfin les Romains ont complété leur système de protection en faveur de la propriété mobilière, par l'introduction de la *condictio furtiva*. On est quelquefois embarrassé pour justifier l'introduction de cette action et surtout pour bien déterminer l'intérêt que pouvait avoir le demandeur à l'intenter. Le propriétaire, en effet, indépendamment de l'*actio furti*, qui est pénale, peut agir par l'action en revendication contre tout tiers détenteur et même contre le voleur, quand même ce dernier ne posséderait plus la chose volée, puisqu'il ne peut en avoir perdu la possession que par dol. De quoi donc peut lui servir une nouvelle action persécutoire de la chose ? — On dit que c'est en haine des voleurs, afin qu'ils soient passibles d'un plus grand nombre d'actions : *Plane odio furum, quo magis pluribus actionibus teneantur*[1]. Cette raison serait acceptable, dit-on, si le propriétaire pouvait cumuler contre le voleur l'exercice de la *condictio furtiva* et de l'action en revendication. Mais on sait qu'il n'en est pas ainsi, et qu'en vertu de cette règle de bon sens, d'après laquelle les actions persécutoires de la chose ne peuvent être cumulées, le propriétaire ne pourra agir contre le voleur par l'action en revendication, qu'à la condition de lui faire remise de la *condictio furtiva*[2]. D'un autre côté, on sait que les textes attribuent la *condictio furtiva*, SOLI DOMINO[3]. Or, comment peut-il se faire que celui qui est propriétaire puisse agir en vertu d'une action qui suppose qu'il ne l'est pas, et que par la formule : *Si paret dare oportere*, il demande qu'on le rende propriétaire d'une chose qui lui appartient déjà ? Comment, en outre, peut-il se faire que le voleur, qui n'est pas propriétaire, puisse transférer la propriété (*dare*) à un individu qui en est déjà investi ?...

[1] *Gai.* IV, § 4.
[2] L. 69, D. 6, 1 (*de rei vind.*) ; L. 9, § 1, D. 47. 2 (*de furtis*).
[3] L. 1, D. 13, 1 (*de condict. furt.*).

Toutes ces difficultés ne sont qu'apparentes ; pour lever la dernière, il suffit de remarquer que, dans la formule de la *condictio furtiva*, l'expression *dare* ne doit pas être prise dans son sens juridique absolu, mais bien dans son acception vulgaire ; elle signifie : *restituer*, et non pas *transférer la propriété* [1].

Voyons donc maintenant quelle pouvait être l'utilité de notre action. Le propriétaire volé peut exercer contre le voleur deux actions persécutoires de la chose : la *revendication* et la *condictio furtiva*. S'il agit par l'action en revendication, le juge n'aura pas à se préoccuper de la circonstance que la dépossession dont le demandeur a été victime, constitue un *furtum ;* le demandeur sera soumis aux règles ordinaires relatives à l'action réelle ; par conséquent il devra prouver qu'il est propriétaire ; si cette preuve est difficile à administrer, tant pis pour lui ; *actore non probante, reus absolvitur ;* le voleur triomphera et sera relaxé quand même, remarquons-le, il reconnaîtrait qu'il a réellement commis le vol chez le demandeur. Non seulement un pareil résultat serait absurde, mais de plus il serait odieux, aussi les Romains n'ont-ils pas voulu l'admettre. Or, d'où provenait le bizarre résultat que je viens de signaler ? Uniquement de cette circonstance, que le demandeur, ayant exercé une action réelle, devait évidemment prouver qu'il était propriétaire. Mais le *maleficium*, qui s'appelle *furtum*, a cependant engendré une obligation stricte qui oblige le voleur à restituer l'objet volé, obligation qui passe naturellement à ses héritiers, et dont ses complices doivent pareillement être tenus. Donc, il est légitime d'accorder à celui qui a été victime du vol, une action personnelle de droit strict, pour sanctionner la créance que le vol a fait naître à son profit. Donc, il faudrait lui accorder la *condictio*. Mais cependant

[1] Vinnius, *In inst. comment. ad* § 14, *Just. Inst.* IV, 6.

la formule de la *condictio : Si paret dare oportere*, est rédigée de manière à ne pouvoir être utilisée que par un non-propriétaire, contre un défendeur réellement propriétaire lui-même et par conséquent obligé à transférer la propriété ; or, il n'en est pas ainsi dans l'espèce. Si les Romains avaient été formalistes, il est certain qu'ils auraient dû reculer devant cette objection ; mais comme tel n'était pas leur caractère, ils ne s'y arrêtèrent pas et accordèrent la *condictio* à celui qui avait été volé ; en d'autres termes, ils le dispensèrent de prouver sa qualité de propriétaire, et lui assurèrent le gain du procès, à la charge par lui de prouver seulement le fait du vol commis à son préjudice. Qu'on n'oppose pas à cette explication toute naturelle les textes desquels il résulte que la *condictio furtiva soli domino competit*, et que par conséquent, même lorsqu'il exercera cette action, le volé sera tenu de prouver sa qualité de *dominus*, c'est-à-dire sa qualité de propriétaire. Il est facile de répondre que les textes dont il s'agit doivent uniquement s'entendre par opposition à l'*actio furti*, laquelle est attribuée, non pas au *dominus* en cette qualité, mais généralement à tous ceux qui avaient intérêt à ce que le *furtum* n'eût pas été commis. De sorte que l'économie de la loi peut se résumer de la manière suivante : L'*actio furti* appartient, non seulement au propriétaire, mais encore à tous les intéressés ; au contraire, la *condictio* n'appartient pas à ces derniers, mais uniquement à celui *qui se dominum esse dicit*, et il ne sera pas permis au voleur de soulever contre le demandeur la question de propriété [1].

Mais dira-t-on peut-être, pourquoi tous ces raisonnements, toutes ces difficultés, tous ces détours pour arriver en définitive à la conclusion la plus simple et la plus

[1] Vinnius, *loc. cit.*, démontre ce système avec une grande lucidité et une grande vigueur de raisonnement.

évidente qu'il soit possible d'imaginer, à forcer dans tous les cas le voleur à restitution? N'était-il pas beaucoup plus facile de décider que le voleur devait toujours succomber dans l'action dirigée contre lui par le propriétaire? J'avoue que l'objection ne prouverait pas beaucoup en faveur de celui qui la produirait. Des raisons de l'ordre le plus élevé, puisqu'elles se rattachent à celles qui avaient guidé les Romains pour réglementer l'administration de la justice, avaient rendu nécessaire la constitution d'un tribunal spécial, celui des *centumvirs* pour le jugement de toutes les questions de propriété. Les actions en revendication étaient donc portées devant les *centumvirs*, les actions personnelles devant les juges ordinaires. Si donc le volé voulait plaider devant les *centumvirs*, ces derniers n'avaient qu'à se préoccuper de la question de propriété, et pas du tout de l'existence du *furtum* ni du droit de créance qui en résultait; si, au contraire, le volé préférait demander au préteur une action personnelle, il plaidait devant le juge ordinaire, et ce dernier n'avait pas du tout à vérifier la question de savoir si le demandeur était propriétaire, mais seulement s'il était créancier à raison du *furtum*. Il fallait donc nécessairement distinguer entre les deux actions; voilà pourquoi le demandeur ne pouvait agir par la revendication, qu'à la charge de tenir quitte le voleur de la *condictio furtiva*. La *condictio furtiva*, bien loin de constituer une anomalie dans le droit, est donc en réalité la conséquence toute naturelle des principes qui régissent les obligations naissant *ex maleficio*; elle existe encore dans notre droit moderne, en ce sens que le volé n'a pas besoin de prouver qu'il est propriétaire lorsqu'il agit contre le voleur. Mais ce qui est encore plus remarquable, c'est que, par suite de l'adoption du principe qu'*en fait de meuble la possession vaut titre*, la revendication d'un objet mobilier n'est possible qu'en cas de vol (art. 2279 du C. N.); on ne pourra dès-lors revendiquer un meuble qu'en établissant qu'on en a perdu la possession par l'effet d'un vol; c'est-à-dire que vis-à-vis du voleur, on n'a plus en réalité que la *condictio furtiva*, et que la revendication n'est utile qu'à l'égard du tiers, ou pour mieux dire, à l'égard du voleur; la revendication est aujourd'hui absorbée et confondue dans l'exercice de la *condictio furtiva*, puisque vis-à-vis de lui on agit plutôt en qualité de *volé* qu'en qualité de *propriétaire*.

V. Dans les développements qui précèdent, j'ai uniquement parlé des garanties accordées au propriétaire pour faire valoir son droit à l'encontre d'un tiers possesseur de bonne ou de mauvaise foi. Mais il arrive souvent que le droit du propriétaire, sans être d'ailleurs contesté dans son principe, se trouve accidentellement confondu et mélangé avec le droit d'autrui; dans ce cas, il fallait nécessairement trouver pour le propriétaire le moyen d'obtenir la détermination exacte de l'objet sur lequel l'affirmation de son droit pourrait porter d'une manière désormais exclusive. C'est dans ce but qu'ont été organisées les trois actions divisoires *finium regundorum*, *familiæ erciscundæ*, *communi dividundo*. On sait que le caractère distinctif de ces trois actions réside dans l'*adjudicatio;* c'est-à-dire dans le pouvoir donné au juge d'attribuer à l'une ou à l'autre des parties un droit de propriété déterminé sur la chose litigieuse.

En ce qui touche l'action en bornage, *finium regundorum*, il faut remarquer que le législateur moderne n'a pas cru devoir accorder au juge le pouvoir de rectifier à l'aide d'adjudications réciproques suivies de soulte, la ligne divisoire entre deux héritages contigus. Il est certain qu'en droit théorique, les vrais principes commandaient cette solution; mais il faut reconnaître qu'en se plaçant, comme les Romains, au point de vue purement pratique, on pouvait, sans inconséquence, admettre une solution contraire; ce n'est, en effet, que dans le cas où les brisures multipliées de la ligne divisoire pouvaient faire redouter pour l'avenir de nouvelles contestations, que le juge pouvait d'office procéder à la rectification et tarir ainsi la source des procès. La justification de ce procédé est encore plus évidente au point de vue économique ; il a pour conséquence, en effet, de rendre plus facile l'exploitation du sol, et de développer la force productrice.

Les Romains se placèrent donc au point de vue pratique en attribuant au juge de l'action *finium regundorum* le droit de prononcer l'*adjudicatio*, mais ils restèrent au contraire dans la stricte vérité des principes les plus incontestables, en attribuant le même pouvoir au juge des actions *familiæ erciscundæ* et *communi dividundo*. C'est-à-dire que les Romains reconnurent au partage son véritable caractère qui est d'être translatif de propriété, tandis qu'en droit français une fiction lui a attribué un caractère simplement déclaratif. Cependant la théorie de l'effet rétroactif du partage fut entrevue des jurisconsultes romains ; un des plus anciens et des plus célèbres, Trebatius, proposa même de l'adopter, mais elle ne prévalut pas [1]. Est-ce, comme on l'a dit, à cause de l'inflexibilité logique du génie romain ? « Je ne le pense pas, dit avec raison M. G. Demante ; cette inflexibilité prétendue savait s'accommoder aux besoins de l'utilité pratique. C'est plutôt l'intérêt des tiers qui l'aura emporté sur celui de la famille. Dans le système primitif du droit romain, l'intérêt des tiers est toujours prépondérant ; la famille, d'ailleurs, a d'autres garanties [2]. » Et cette comparaison entre les deux législations nous conduit à faire une singulière remarque, c'est que pour le règlement de l'action *finium regundorum*, les modernes se sont laissé

[1] L. 31, D. 33, 2 (*de usu et usufr.*) ; L. 6, § 8, D. 10, 3 (*comm. divid.*) ; L. 7 § 4, D. 20, 6 (*quib. mod. pign.*), etc.

[2] *Exposition raisonnée des principes de l'enregistrement*, p. 518, n° 704.

guider par le point de vue théorique et les Romains par le point de vue pratique ; tandis que pour les deux autres actions c'est tout le contraire, les Romains sont restés fidèles à la théorie, et les modernes l'ont désertée pour donner satisfaction aux nécessités de la pratique ; de sorte que nous avons à ce sujet admis des règles opposées de tout point à celles suivies à Rome. Mais cela prouve tout simplement que les besoins sociaux changent de caractère suivant les peuples et les époques, et qu'une législation positive doit toujours tenir compte des changements qui se produisent au sein des sociétés.

J'ai entendu souvent signaler comme une singularité du droit romain, la circonstance que l'action *familiæ erciscundæ* ne pouvait *iterari*, être renouvelée [1], tandis qu'il en était autrement de l'action *communi dividundo* [2] ; de sorte que, si l'on avait négligé par erreur de comprendre un objet dans le partage d'une hérédité, le supplément de partage ne pouvait être demandé que par l'action *communi dividundo*, et non par l'action *familiæ erciscundæ*. Il me semble que la raison de cette apparente singularité n'est pas difficile à trouver, et c'est peut-être son extrême simplicité qui empêche de l'entrevoir tout d'abord. Celui qui agit par l'action *communi dividundo* a uniquement à prouver qu'il a un droit de copropriété sur la chose à partager ; au contraire, celui qui agit par l'action *familiæ erciscundæ* doit d'abord faire vérifier et admettre sa qualité d'héritier et,

1 « *Arbiter familiæ erciscundæ plus quam semel dari non potest ; et ideo de his quæ divisa eo judicio non sunt, communi dividundo arbiter postulatus partietur.* » Paul I, XXVIII, § 1. — « *Familiæ erciscundæ judicio amplius quam semel agi non potest, nisi causa cognita. Quod si quædam res indivisæ relictæ sunt, communi dividundo de his agi potest.* » *Ulp.*, L. 20, § 4, D. 10, 2 (*Familiæ erciscundæ*).

2 « *Hoc judicium bonæ fidei est. Quare, si una res indivisa relicta sit, valebit utique et cæterarum divisio : et poterit iterum communi dividundo agi de ea, quæ indivisa mansit.* » *Ulp.*, L. 4, § 2, D. 10, 3 (*communi dividundo*).

en second lieu, établir la consistance de la masse à partager, sauf les impugnations de l'adversaire. Mais si par erreur il a été omis un objet héréditaire dans l'état de consistance, et si, par suite, le partage n'a pas porté sur cet objet, il est certain que le demandeur en supplément de partage n'aura plus à faire reconnaître sa qualité d'héritier qui l'a déjà été d'une manière définitive ; il lui suffira donc de prouver *qu'il a un droit de propriété* (dérivant dans l'espèce de son titre d'héritier déjà reconnu et hors de contestation), *sur la chose à partager*, c'est-à-dire qu'il intentera l'action *communi dividundo.* On pourrait peut-être objecter contre cette doctrine que l'héritier, au lieu d'intenter l'action *familiæ erciscundæ*, pourrait évidemment provoquer, au moyen de l'action *communi dividundo*, le partage d'objets individuels dépendants de l'hérédité, et que dans ce cas l'action *familiæ erciscundæ* resterait entière pour le surplus. Or, comme il n'aurait pu triompher, dans l'action *communi dividundo*, qu'en établissant sa qualité d'héritier, il s'ensuivrait que la distinction que j'ai formulée touchant les diverses preuves que doit faire le demandeur, suivant qu'il agit par l'une ou l'autre action, manquerait de fondement. La réponse est aisée : il n'est pas vrai de dire en effet, que l'héritier qui agit d'abord par l'action *communi dividundo* doit prouver sa qualité d'héritier; il doit prouver uniquement sa qualité de propriétaire : c'est cette qualité de propriétaire que le juge est chargé de vérifier par la formule, c'est par conséquent sur cette qualité seule que la sentence aura force de chose jugée. Il est bien vrai que dans l'espèce la qualité de propriétaire résultera de la qualité d'héritier, mais c'est là uniquement un *moyen* de preuve, et le juge n'a pas reçu mission pour constater la qualité d'héritier, il ne devra donc la vérifier que comme moyen destiné à établir la qualité de propriétaire, et, de la sentence, il résultera uniquement que le demandeur était copropriétaire de l'objet à partager, mais pas du tout que l'objet à partager dépendait d'une succession et que le demandeur était cohéritier. Donc, si plus tard le demandeur veut réellemeut demander le partage de l'hérédité, il faudra qu'il intente l'action *familiæ erciscundæ*, et qu'il établisse de nouveau sa qualité d'héritier qui ne saurait résulter de la sentence rendue sur l'action *communi dividundo*. Ainsi donc la disposition de la loi romaine qui prohibe la réitération de l'action *familiæ erciscundæ* et autorise seulement l'emploi de l'action *communi dividundo* quand il y a lieu à un supplément de partage, est tout-à-fait justifiée et a sa raison d'être dans la nature même des choses. Il faut de plus remarquer qu'il en est absolument de même de nos jours ; l'héritier demandeur en partage agit, en effet, par l'action *familiæ erciscundæ*, puisqu'il doit prouver sa qualité d'héritier ; si, plus tard, il veut demander un supplément de partage, il agira par l'action *communi dividundo*, puisqu'il n'aura plus besoin de prouver sa qualité d'héritier. Seulement, comme les actions ne sont plus aujourd'hui distinguées par un nom spécial, et comme la pratique moderne a sanctionné l'usage de les intenter toutes en bloc et sans désignation particulière, il en résulte que dans l'hypothèse que je viens d'examiner, dans celle de la *condictio furtiva*, et, enfin, dans une foule d'autres, des nuances fort importantes échappent malheureusement à l'analyse.

J'ai esquissé, plutôt qu'approfondi, la théorie romaine sur l'organisation de la propriété. Pour rechercher quelle est, à ce sujet, la véritable signification des règles du vieux droit quiritaire, j'ai cru qu'il fallait adopter un point de vue exclusivement pratique. C'est qu'en effet, le droit n'est pas une affaire d'imagination, moins encore de sentiment, — à toutes les époques, et chez tous les peuples, il a eu pour objet de réglementer ce qu'il y a de plus positif dans les rapports de la vie usuelle. — D'un autre côté, les jurisconsultes romains ont aperçu les vrais principes du droit avec une telle sûreté de coup-d'œil, ils en ont déduit les conséquences légitimes avec une telle rigueur mathématique, qu'ils ont en quelque sorte réduit la jurisprudence à l'état de science exacte. Aussi m'a-t-il paru possible de suivre pour mes investigations critiques, la méthode du raisonnement pur, sauf à comparer les données du raisonnement avec les faits attestés par l'histoire. Et, si je ne me fais totalement illusion, le point de vue où je me suis placé, et la méthode que j'ai suivie, m'ont quelquefois permis de proposer des explications plausibles sur plusieurs points assez délicats de l'ancienne législation romaine. — Je livre, d'ailleurs, sans arrière pensée, mes appréciations à l'examen des hommes compétents, et l'accueil qu'ils feront à mon travail me dira si je dois m'en tenir à cette modeste *Étude*, ou m'efforcer de remplir dans son entier le programme que je m'étais tracé.

TABLE DES MATIÈRES

Typ. Bonnal et Gibrac, Toulouse.

www.ingramcontent.com/pod-product-compliance
Ingram Content Group UK Ltd.
Pitfield, Milton Keynes, MK11 3LW, UK
UKHW021540260726
13993UKWH00002B/561

9 782329 309309